Mehr über unsere Bücher, Autor:innen und Illustrator:innen unter
www.thienemann.de

Die Märchen erschienen Anfang der 60er Jahre erstmals in Einzelbänden beim Verlag J.F. Schreiber.
Die Märchen-Texte wurden geringfügig überarbeitet (angepasst an die neue deutsche Rechtschreibung).

Im Gegensatz zu vielen anderen Märchen Perraults nahmen die Brüder Grimm das Märchen vom kleinen Däumling nicht in ihre Kinder- und Hausmärchen (1812) auf. „Der kleine Däumling" war jedoch Bestandteil des Sammelbandes „Märchen der Brüder Grimm", der im Verlag J.F. Schreiber in zahlreichen Auflagen erschien, und wurde deshalb auch für diese Reprint-Ausgabe übernommen.

Coverillustration: Felicitas Kuhn
Einband- und Innentypografie: Christine Sassie
Reproduktion: Schwabenrepro GmbH, Fellbach
Druck und Bindung: Livonia Print, Riga, Lettland

FSC www.fsc.org MIX Papier | Fördert gute Waldnutzung FSC® C002795

3. Auflage 2024

in der Thienemann-Esslinger-Verlag GmbH
Blumenstraße 36, 70182 Stuttgart
www.thienemann.de
Printed in Latvia.

ISBN 978-3-480-23870-5

Mein großer Märchenschatz

Märchen der Brüder Grimm mit Bildern von Felicitas Kuhn, Anny Hoffmann und Gerti Mauser-Lichtl

esslinger

Inhalt

Rotkäppchen

Es war einmal ein kleines, süßes Mädchen, das hatte jedermann gerne, der es nur ansah, am allerliebsten aber hatte es seine Großmutter, die gar nicht wusste, was sie dem Kinde alles geben sollte.

Einmal schenkte sie ihm ein Käppchen von rotem Samt, und weil es dem Mädchen so gut stand und es nichts anderes mehr tragen wollte, wurde es von allen Leuten nur noch das Rotkäppchen genannt.

Eines Tages sprach nun die Mutter: „Komm, Rotkäppchen, da hast du einen Kuchen und eine Flasche Wein, bringe das der Großmutter hinaus. Sie ist krank und schwach und wird sich darüber freuen. Mach dich auf, bevor es heiß wird, und wenn du im Wald bist, so geh hübsch sittsam und lauf nicht vom Weg ab, sonst fällst du hin, zerbrichst die Flasche, und dann bekommt die Großmutter ihren Wein nicht. Wenn du in die Stube kommst, vergiss nicht, ‚Guten Morgen' zu sagen und guck' nicht erst in allen Ecken herum."

„Ich will schon alles recht machen", sagte Rotkäppchen zur Mutter und gab ihr die Hand darauf. Die Mutter begleitete das Mädchen bis zum Gartentor und winkte ihm nach, bis es um die nächste Wegbiegung verschwunden war.

Die Sonne schien warm vom blauen Himmel herab, die Vöglein zwitscherten ihr Morgenlied, und Rotkäppchen war so recht vergnügt, es hängte sich den Korb mit den Geschenken für die Großmutter an den Arm und wanderte drauflos. Die Großmutter aber wohnte draußen im Wald, und man musste schon eine gute halbe Stunde gehen, ehe man ihr hübsches Häuschen durch die Bäume schimmern sah.

Wie nun Rotkäppchen in den Wald kam, begegnete ihm der Wolf. Das Kind wusste nicht, was er für ein böses Tier war, deshalb fürchtete es sich auch nicht vor ihm.

„Guten Tag, Rotkäppchen", sprach er freundlich. „Wohin so früh, mein liebes Kind?"

„Zur Großmutter", antwortete Rotkäppchen.

„Was trägst du da im Körbchen?", wollte der Wolf wissen.

„Kuchen und Wein", sprach das Mädchen. „Gestern haben wir gebacken, da soll die kranke und schwache Großmutter auch etwas abbekommen und sich damit stärken."

„Rotkäppchen", fragte der Wolf neugierig, „wo wohnt denn deine Großmutter?"

„Noch eine Viertelstunde weiter im Wald, unter den drei großen Eichbäumen, da steht ihr Haus, unten sind Nusshecken, aber das wirst du ja sicher wissen", meinte Rotkäppchen.

Der Wolf, der Böses im Sinn hatte, dachte bei sich: „Das junge, zarte Ding, das ist ein feiner Bissen, der wird mir noch besser schmecken als die Alte. Aber ich muss es listig anfangen, damit ich beide bekomme."

Da ging er ein Weilchen still neben dem Mädchen her, dann sprach er: „Rotkäppchen, sieh einmal die schönen Blumen, die ringsumher stehen, warum schaust du dich nicht um? Ich glaube, du hörst es gar nicht, wie die Vöglein so lieblich singen? Du gehst ja für dich hin, als ob du zur Schule gingst, und es ist doch so lustig hier im Wald!"

Rotkäppchen schlug die Augen auf, und da erschienen ihm mit einem Male die Sonnenstrahlen noch heller, wie sie so durch die Bäume hin und her tanzten, und die schönen Blumen dufteten stärker als zuvor.
Da dachte das Kind: „Wenn ich der Großmutter einen frischen Strauß mitbringe, der wird ihr auch Freude machen, sie sieht ja nichts von all der Pracht in ihrer Krankenstube. Es ist noch so früh am Tag, dass ich doch zur rechten Zeit ankomme." Und wie es das so überlegte, lief es auch schon vom Weg ab in den Wald hinein zu den herrlichen Blüten, die zwischen den Stämmen in allen Farben leuchteten. Die Bienen summten und Rotkäppchen suchte Blumen. Es wusste nicht mehr, wo es sprang. Wenn es eine Blume gepflückt hatte, meinte es, weiter draußen stünde eine schönere, und es lief danach und geriet immer tiefer in den Wald hinein. Dort sahen es die kleinen Hasen und die Eichhörnchen.
Die Tiere wunderten sich und hätten gerne gewusst, was das kleine Mädchen so tief im Wald wohl zu suchen hatte. Aber da das Kind so fröhlich zwischen den Blumen dahinhüpfte, dachten die Tiere nichts Böses und schwiegen.

Der Wolf aber ging unterdessen geradewegs zu dem Haus der Großmutter, und als er bemerkte, dass die alte Frau wirklich ganz alleine war, klopfte er an die Türe.
„Wer ist draußen?“, rief die Großmutter.
„Ei, das Rotkäppchen, ich bringe dir Kuchen und Wein, mach bitte auf!“
„Drück nur auf die Klinke“, rief die Großmutter, „ich bin zu schwach und kann nicht aufstehen.“ Der Wolf drückte auf die Klinke, die Tür sprang auf, und er ging, ohne ein Wort zu sprechen, gerade zum Bett der Großmutter, packte die zu Tode erschrockene Frau und verschlang sie. Dann zog er ihre Kleider an, setzte ihre Haube auf, legte sich in ihr Bett, und damit man ja nichts bemerken konnte, zog er noch die Vorhänge zu.
Rotkäppchen aber war nach den Blumen herumgelaufen, und als es einen herrlichen, duftenden Strauß zusammen hatte, der so groß war, dass es ihn kaum mehr tragen konnte, fiel ihm die Großmutter ein. Es erschrak gewaltig, weil es schon viel zu spät geworden war und machte sich auf den Weg zu ihr. Es lief, so schnell es die Füße tragen konnten, aber da waren immer wieder

Wurzeln im Weg, auch waren die Blumen und das Körbchen recht schwer, sodass das Kind nur langsam vorankam. Alles war verändert, die Vöglein sangen nicht mehr, und die Sonne hatte sich hinter einer schwarzen Wolke versteckt. Dem Mädchen wurde es richtig unheimlich, so allein im Wald, und es wünschte, es wäre schon bei der Großmutter.

Als es endlich das Haus zwischen den Stämmen hindurch sah, wunderte es sich, dass die Tür aufstand, und wie es in die Stube trat, kam es ihm so seltsam darin vor, dass es dachte: „Ei, wie ängstlich wird's mir heute zumute, und sonst bin ich doch so gerne bei der Großmutter."

Es rief: „Guten Tag!", bekam aber keine Antwort. Darauf ging es zum Bett und zog die Vorhänge zurück: Da lag die Großmutter und hatte die Haube tief ins Gesicht gesetzt und sah überhaupt recht wunderlich aus.
„Ei, Großmutter", fragte Rotkäppchen, „was hast du für große Ohren?" – „Damit ich dich besser hören kann!" – „Ei, Großmutter, was hast du für große Augen?" – „Damit ich dich besser sehen kann!" – „Ei, Großmutter, was hast du für große Hände?" – „Damit ich dich besser packen kann!" – „Aber Großmutter, was hast du für ein entsetzlich großes Maul?"
„Damit ich dich besser fressen kann!"
Kaum hatte der Wolf das gesagt, tat er einen Satz aus dem Bett und verschlang das arme Rotkäppchen. Wie der Wolf nun seinen Hunger gestillt hatte, legte er sich wieder ins Bett, schlief ein und fing an zu schnarchen.
Der Jäger ging eben am Haus vorbei und dachte: „Wie die alte Frau schnarcht. Ich muss doch sehen, ob ihr etwas fehlt!"

Da trat er in die Stube, und wie er vor das Bett kam, sah er gleich, dass der Wolf darin lag. „Finde ich dich hier, du alter Sünder“, sagte der Jäger, „ich habe dich lange gesucht.“
Nun wollte er sein Gewehr anlegen, da fiel ihm ein, der Wolf könne die Großmutter gefressen haben, und sie sei vielleicht noch zu retten.
Er schoss also nicht, sondern nahm eine Schere und fing an, dem schlafenden Wolf den Bauch aufzuschneiden. Wie er ein paar Schnitte getan hatte, sah er schon das rote Käppchen leuchten, und noch ein paar Schnitte, da sprang das Mädchen heraus und rief: „Ach, wie war ich erschrocken, es war so finster im Leib des Wolfes!“ Und dann kam auch die alte Großmutter noch lebendig heraus und konnte kaum atmen vor Aufregung. Rotkäppchen aber holte geschwind große Steine, damit füllten sie dem Wolf den Bauch, den sie sorgfältig wieder zunähten.
Und als der Bösewicht aufwachte, wollte er fort springen, aber die Steine waren so unsagbar schwer, dass er gleich niedersank und auf der Stelle tot war.

Da waren alle drei vergnügt. Der Jäger zog dem Wolf den Pelz ab, die Großmutter nahm den Kuchen, schnitt ihn auf und gab dem braven Jägersmann und dem Rotkäppchen ein großes Stück davon.
Der Jäger machte die Weinflasche auf und schenkte der Großmutter ein Glas voll ein, und mit jedem Schluck von dem köstlichen Getränk wurde ihr besser, auch war sie von dem Kuchen herrlich gestärkt. Wie freute sich das Rotkäppchen, dass die liebe Großmutter wieder gesund und munter bei ihm saß.
Dann aber wollte der Jäger wissen, wie alles gekommen war, und Rotkäppchen erzählte ihm, wie es im Wald war, wie der Wolf kam und so freundlich mit ihm gesprochen hatte. Es berichtete von den Blumen und den Vöglein. „Ja, ja", sprach da der Jäger, „der Wolf war ein schlimmer Bursche!"
Dann, als es Abend werden wollte, verabschiedeten sich Rotkäppchen und der Jäger von der Großmutter.

Der Mann nahm das Kind an der Hand und ging mit ihm durch den Wald nach Hause zur Mutter, denn es wurde schon dunkel.
Die Mutter hatte sich schon Sorgen um ihr Mädchen gemacht, denn so lange war es noch nie ausgeblieben. Sie stand am Gartenzaun, und als sie ihr Kind mit dem Jäger kommen sah, lief sie ihm entgegen und schloss es erleichtert in die Arme. Rotkäppchen aber hat seiner Mutter die ganze Geschichte erzählt und ihr versprochen, nie mehr allein vom Wege abzugehen, und dieses Mal hat es sein Versprechen gehalten.

Schneewittchen

Es war einmal mitten im Winter, und die Schneeflocken fielen wie Federn vom Himmel herab. Da saß eine Königin an einem Fenster, das einen Rahmen von schwarzem Ebenholz hatte, und nähte. Und wie sie so nähte und nach dem Schnee aufblickte, stach sie sich mit der Nadel in den Finger, und es fielen drei Tropfen Blut in den Schnee. Und weil das Rote im weißen Schnee so schön aussah, dachte sie bei sich: „Hätt' ich ein Kind, so weiß wie Schnee, so rot wie Blut und so schwarz wie das Holz an dem Rahmen!" Bald darauf bekam sie ein Töchterlein, das war so weiß wie Schnee, so rot wie Blut und so schwarzhaarig wie Ebenholz und wurde darum „Schneewittchen" genannt. Und wie das Kind geboren war, starb die Königin.
Nach einem Jahr nahm sich der König eine andere Gemahlin. Es war eine schöne Frau, aber sie war stolz und übermütig und konnte nicht leiden, dass sie an Schönheit von jemand sollte übertroffen werden.

Sie hatte einen wunderbaren Spiegel, wenn sie vor den trat und sich darin beschaute, sprach sie: „Spieglein, Spieglein an der Wand, wer ist die Schönste im ganzen Land?“, so antwortete der Spiegel: „Frau Königin, Ihr seid die Schönste im Land.“
Da war sie zufrieden, denn sie wusste, dass der Spiegel immer die Wahrheit sagte. Schneewittchen aber wuchs heran und wurde von Tag zu Tag schöner, und als es fünfzehn Jahre alt war, war es so schön, wie der klare Tag und schöner als die Königin selbst. Als diese einmal ihren Spiegel fragte: „Spieglein, Spieglein an der Wand, wer ist die Schönste im ganzen Land?“, so antwortete er: „Frau Königin, Ihr seid die Schönste hier, aber Schneewittchen ist tausendmal schöner als Ihr.“ Da erschrak die Königin, rief einen Jäger und sprach: „Bring das Kind hinaus in den Wald und töte es.“ Der Jäger gehorchte und führte es hinaus, und als er den Hirschfänger gezogen hatte und Schneewittchens unschuldiges Herz durchbohren wollte, fing es an zu weinen und sprach: „Ach, lieber Jäger, lass mir mein Leben! Ich will in den wilden Wald laufen und nimmermehr wieder heimkommen.“ Und weil es so schön war, hatte der Jäger Mitleid und sprach: „So lauf hin, du armes Kind!“

Da fing Schneewittchen an zu laufen, so schnell seine Beine es tragen konnten, bis es Abend wurde. Da sah es ein kleines Häuschen und ging hinein, um sich auszuruhen. In dem Häuschen stand ein weiß gedecktes Tischlein mit sieben kleinen Tellern, jedes Tellerlein mit seinem Löffelein, ferner sieben Messerlein und Gäbelein und sieben Becherlein. An der Wand waren sieben Bettlein nebeneinander aufgestellt und schneeweiße Laken darüber gedeckt.

Schneewittchen, weil es so hungrig und durstig war, aß von jedem Tellerlein ein wenig Gemüse und Brot und trank aus jedem Becherlein einen Tropfen Wein; denn es wollte nicht einem alles wegnehmen. Und weil es so müde war, legte es sich in ein Bettchen, aber keins passte; das eine war zu lang, das andere zu kurz, bis endlich das siebente recht war, und darin blieb es liegen und schlief ein.

Als es ganz dunkel geworden war, kamen die Herren von dem Häuslein, das waren die sieben Zwerge, die in den Bergen nach Erz hackten und gruben. Die zündeten ihre Lichtlein an, und wie es nun hell im Häuslein wurde, sahen sie, dass jemand darin gewesen war, denn es stand nicht alles so in der Ordnung, wie sie es verlassen hatten.

Der erste sprach: „Wer hat auf meinem Stühlchen gesessen?“ Der zweite: „Wer hat von meinem Tellerchen gegessen?“ Der dritte: „Wer hat von meinem Brötchen genommen?“ Der vierte: „Wer hat von meinem Gemüschen gegessen?“ Der fünfte: „Wer hat mit meinem Gäbelchen gestochen?“ Der sechste: „Wer hat mit meinem Messerchen geschnitten?“ Der siebte: „Wer hat aus meinem Becherlein getrunken?“ Dann blickte sich der erste um und sah, dass auf seinem Bett eine kleine Delle war, da sprach er: „Wer hat in meinem Bettchen gelegen?“ Die andern kamen gelaufen und riefen: „In meinem hat auch jemand gelegen!“ Der siebte aber, als er in sein Bett sah, erblickte Schneewittchen, das lag darin und schlief. Nun rief er die andern, die kamen herbeigelaufen und schrien vor Verwunderung, holten ihre Laternchen und beleuchteten Schneewittchen. „Ei, du mein Gott! Ei, du mein Gott!“, riefen sie. „Wie ist das Kind so schön!“, und hatten so große Freude, dass sie es nicht aufweckten, sondern im Bettlein fortschlafen ließen. Der siebte Zwerg aber schlief bei seinen Gesellen, bei jedem eine Stunde, da war die Nacht herum.

Als es Morgen war, erwachte Schneewittchen, und wie es die sieben Zwerge sah, erschrak es. Sie waren aber freundlich und fragten: „Wie heißt du?“
„Ich heiße Schneewittchen“, antwortete es. „Wie bist du in unser Haus gekommen?“, sprachen weiter die Zwerge. Da erzählte es ihnen, wie alles gekommen war. Die Zwerge sprachen: „Willst du unsern Haushalt machen, kochen, betten, waschen, nähen und stricken, und willst du alles ordentlich reinlich halten, so kannst du bei uns bleiben, und es soll dir an nichts fehlen.“ – „Ja“, sagte Schneewittchen, „von Herzen gern!“, und blieb bei ihnen. Die Königin aber dachte nicht anders, als wäre sie wieder die Erste und Allerschönste und fragte ihren Spiegel. Dieser antwortete: „Frau Königin, Ihr seid die Schönste hier, aber Schneewittchen über den Bergen bei den sieben Zwergen ist noch tausendmal schöner als Ihr.“
Da erschrak sie, denn sie wusste nun, dass der Jäger sie betrogen und Schneewittchen noch am Leben war. Da färbte sie sich das Gesicht und kleidete sich wie eine alte Krämerin. In dieser Gestalt ging sie zu den sieben Zwergen und klopfte an die Türe.

„Die ehrliche Frau kann ich hereinlassen", dachte Schneewittchen, riegelte die Türe auf und kaufte sich einen hübschen Schnürriemen. „Kind", sprach die Alte, „wie du aussiehst! Komm, ich will dich einmal ordentlich schnüren." Schneewittchen hatte kein Arg, stellte sich vor sie und ließ sich mit dem neuen Schnürriemen schnüren. Aber die Alte schnürte geschwind und schnürte so fest, dass dem Schneewittchen der Atem verging, und es wie tot hinfiel.

Nicht lange darauf, zur Abendzeit, kamen die sieben Zwerge nach Hause; aber wie erschraken sie, als sie ihr liebes Schneewittchen auf der Erde liegen sahen, und es regte und bewegte sich nicht, als wäre es tot. Sie hoben es in die Höhe, und weil sie sahen, dass es zu fest geschnürt war, schnitten sie den Schnürriemen entzwei; da fing es an, ein wenig zu atmen und wurde nach und nach wieder lebendig. „Die alte Krämersfrau war niemand als die gottlose Königin. Hüte dich und lass keinen Menschen herein, wenn wir nicht bei dir sind!" Das böse Weib aber, als es nach Hause gekommen war, fragte wieder den Spiegel. Dieser antwortete wie sonst:

„Frau Königin, Ihr seid die Schönste hier, aber Schneewittchen über den Bergen bei den sieben Zwergen ist noch tausendmal schöner als Ihr."

Als sie das hörte, lief ihr alles Blut zum Herzen, so erschrak sie, denn sie sah wohl, dass Schneewittchen wieder lebendig geworden war. „Nun aber", sprach sie, „will ich etwas aussinnen, das dich zu Grunde richten soll." Darauf ging sie in eine ganz verborgene Kammer, wo niemand hinkam und machte einen giftigen Apfel. Äußerlich sah er schön aus, weiß mit roten Backen, dass jeder, der ihn erblickte, Lust danach bekam. Aber wer ein Stückchen davon aß, der musste sterben.

Als der Apfel fertig war, färbte sie sich das Gesicht und verkleidete sich in eine Bauersfrau. So ging sie zu den sieben Zwergen.

Sie klopfte an, Schneewittchen streckte den Kopf zum Fenster heraus und sprach: „Ich darf keinen Menschen einlassen, die sieben Zwerge haben mir's verboten!" – „Mir auch recht", antwortete die Bäuerin, „meine Äpfel will ich schon los werden. Da, einen will ich dir schenken." – „Nein", sprach Schneewittchen, „ich darf nichts annehmen!" – „Fürchtest du dich vor Gift?", sprach die Alte. „Siehst du, da schneide ich den Apfel in zwei Teile; den roten Backen iss du, den weißen will ich essen."

Der Apfel war aber so gemacht, dass der rote Backen allein vergiftet war. Schneewittchen hatte Lust auf den schönen Apfel, und als es sah, dass die Bäuerin davon aß, so konnte es nicht länger widerstehen, streckte die Hand aus und nahm die giftige Hälfte.

Kaum aber hatte es einen Bissen davon im Mund, fiel es zur Erde nieder. Die Zwerglein fanden Schneewittchen am Abend, als sie von der Arbeit heimkamen und hoben es auf, aber alles Jammern half nichts; das liebe Kind war tot und blieb tot. Sie weinten drei Tage lang. Dann wollten sie es begraben, aber es sah noch so frisch aus wie ein lebender Mensch. Sie sprachen: „Das können wir nicht in die schwarze Erde versenken", und ließen einen durchsichtigen Sarg von Glas machen, legten es hinein und trugen den Sarg hinauf auf den Berg.

Es geschah aber, dass ein Königssohn in den Wald geriet und zu dem Zwergenhaus kam. Er sah auf dem Berg den Sarg und das schöne Schneewittchen darin und sprach zu den Zwergen: „Lasst mir den Sarg, ich will euch geben, was ihr dafür haben wollt." Aber die Zwerge antworteten: „Wir geben ihn nicht um alles Gold in der Welt." Da sprach er: „So schenkt ihn mir, denn ich kann nicht leben ohne Schneewittchen zu sehen." Wie er so sprach, empfanden die guten Zwerglein Mitleid mit ihm und gaben ihm den Sarg. Der Königssohn ließ ihn nun von seinen Dienern auf den Schultern forttragen. Da geschah es, dass sie über einen Strauch stolperten und von dem Schütteln fuhr das giftige Apfelstück, das Schneewittchen abgebissen hatte, aus dem Hals.

Und nicht lange, so öffnete es die Augen, hob den Deckel vom Sarg in die Höhe, richtete sich auf und war wieder lebendig. „Ach, Gott, wo bin ich?", rief es. Der Königssohn sagte voll Freude: „Du bist bei mir", und erzählte, was sich zugetragen hatte und sprach: „Ich habe dich lieber als alles auf der Welt; komm mit mir in meines Vaters Schloss, du sollst meine Gemahlin werden." Da war ihm Schneewittchen gut und ging mit ihm, und ihre Hochzeit wurde mit großer Pracht und Herrlichkeit gefeiert.

Hänsel und Gretel

Es war einmal ein armer Holzfäller, der wohnte mit seiner Frau und seinen zwei Kindern nahe bei einem großen Wald. Der Junge hieß Hänsel und das Mädchen Gretel. Sie hatten wenig zu essen, und einmal, als eine große Not ins Land kam, konnte der Mann das tägliche Brot nicht mehr verdienen. Wie er sich nun abends Gedanken machte, seufzte er und sprach zu seiner Frau: „Was soll aus uns werden? Wie können wir die armen Kinder ernähren, wenn wir für uns selbst nichts mehr haben?" „Weißt du", antwortete die Frau, „wir wollen morgen in aller Frühe die Kinder hinaus in den Wald führen, wo er am dichtesten ist. Da machen wir ihnen ein Feuer an und geben jedem noch ein Stückchen Brot; dann lassen wir sie allein. Sie finden den Weg nicht wieder nach Haus, und wir sind sie los." – „Nein", sagte der Mann, „das tue ich nicht!" – „Dann müssen wir alle vier verhungern", sagte die Frau und ließ ihm keine Ruhe, bis er einwilligte. Die zwei Kinder hatten vor Hunger nicht einschlafen können und alles mit angehört. Gretel weinte bitterlich. „Weine nicht", sprach Hänsel, „ich will uns schon helfen."

Und als die Eltern eingeschlafen waren, stand er auf, machte die Tür auf und schlich sich hinaus. Da schien der Mond ganz hell, und die weißen Kieselsteine, die vor dem Haus lagen, glänzten wie lauter Diamanten. Hänsel steckte so viele in seine Tasche als nur hinein wollten. Dann ging er wieder zurück und sprach zu Gretel: „Sei nur tapfer, liebes Schwesterchen, Gott wird uns nicht verlassen." Und er legte sich wieder in sein Bett.

Als der Tag anbrach, kam schon die Frau und weckte die beiden Kinder: „Steht auf, wir wollen in den Wald gehen und Holz sammeln." Dann gab sie jedem ein Stück Brot und sprach: „Da habt ihr etwas für den Mittag." Gretel nahm das Brot unter die Schürze, weil Hänsel die Steine in der Tasche hatte. Dann machten sie sich alle auf den Weg in den Wald. Als sie ein Weilchen gegangen waren, stand Hänsel still und sah nach dem Haus zurück, und er tat das wieder und wieder. Der Vater sprach: „Hänsel, was guckst du da und bleibst zurück?" – „Ach Vater", sagte Hänsel, „ich sehe nach meinem weißen Kätzchen, das sitzt oben auf dem Dach." Die Frau aber sprach: „Das ist dein Kätzchen nicht, das ist die Morgensonne, die auf den Schornstein scheint." Hänsel hatte auch gar nicht nach dem Kätzchen gesehen, sondern immer einen von den blanken Kieselsteinen aus seiner Tasche auf den Weg geworfen.

Als sie mitten in den Wald gekommen waren, sprach der Vater: „Nun sammelt Holz, ich will ein Feuer anmachen!“ Hänsel und Gretel trugen Reisig zusammen, es wurde angezündet, und als die Flamme recht hoch brannte, sagte die Frau: „Nun legt euch ans Feuer, ihr Kinder, und ruht euch aus, wir gehen in den Wald und hauen Holz. Wenn wir fertig sind, kommen wir und holen euch ab.“
Hänsel und Gretel saßen am Feuer, und als sie so in die Flammen schauten, fielen ihnen vor Müdigkeit die Augen zu, und sie schliefen fest ein. Als sie endlich erwachten, war es schon finstere Nacht. Gretel fing an zu weinen, Hänsel aber tröstete sie: „Wart‘ nur ein Weilchen, bis der Mond aufgegangen ist, dann wollen wir den Weg schon finden.“ Und richtig, als der Mond aufgegangen war, nahm Hänsel sein Schwesterchen an der Hand und ging den Kieselsteinen nach, die wie lauter Diamanten schimmerten und ihnen den Weg zeigten.

Sie gingen die ganze Nacht hindurch und kamen am Morgen wieder zu dem Haus ihres Vaters. Sie klopften an die Tür, und als die Frau aufmachte und sah, dass es Hänsel und Gretel waren, sprach sie: „Ihr bösen Kinder, was habt ihr so lange im Wald geschlafen!" Der Vater aber freute sich, dass seine Kinder wieder da waren. Nicht lange danach war wieder große Not, und die Kinder hörten, wie die Mutter nachts zum Vater sprach: „Alles ist aufgezehrt, wir haben noch einen halben Laib Brot. Die Kinder müssen fort, wir wollen sie tiefer in den Wald hineinführen, damit sie den Weg nicht wieder herausfinden."

„Das können wir nicht tun", erwiderte der Mann. Aber die Frau hörte auf nichts, was er sagte. Die Kinder waren noch wach gewesen und hatten das Gespräch wieder mit angehört. Als die Eltern schliefen, stand Hänsel auf, wollte hinaus und Kieselsteine auflesen, aber die Frau hatte die Tür verschlossen, und Hänsel konnte nicht aus dem Haus. Aber er tröstete sein Schwesterchen und sprach: „Weine nicht, Gretel, und schlaf ruhig, es wird uns schon etwas einfallen."

Am frühen Morgen kam die Frau und holte die Kinder aus dem Bett. Sie erhielten ihr Stückchen Brot, es war aber noch kleiner als

das vorige Mal. Auf dem Weg in den Wald bröckelte es Hänsel aus der Tasche. Er stand oft still und streute Brotstückchen auf die Erde. Die Frau führte die Kinder noch tiefer in den Wald, wo sie noch nicht gewesen waren. Da wurde wieder ein großes Feuer angefacht, und die Mutter sagte: „Bleibt nur da sitzen, ihr Kinder, und wenn ihr müde seid, könnt ihr ein wenig schlafen. Wir gehen in den Wald und hauen Holz und abends, wenn wir fertig sind, kommen wir und holen euch ab."

Als es Mittag war, teilte Gretel ihr Brot mit Hänsel, der sein Stück auf den Weg gestreut hatte. Dann schliefen sie ein, und der Abend verging, aber niemand kam zu den Kindern. Sie erwachten erst in der finsteren Nacht, und Hänsel tröstete sein Schwesterchen und sprach: „Wart' nur, Gretel, bis der Mond aufgegangen ist, dann werden wir die Brotkrumen sehen, die ich ausgestreut habe, die zeigen uns den Weg nach Haus." Als der Mond kam, machten sie sich auf, aber sie fanden kein Bröcklein mehr, denn die vielen Vögel, die im Walde und Felde umherfliegen, die hatten sie alle aufgepickt. Hänsel sagte zu Gretel: „Wir werden den Weg schon finden", aber sie fanden ihn nicht.

Sie gingen die ganze Nacht und noch einen Tag von Morgen bis Abend, aber sie kamen aus dem Wald nicht heraus und waren so hungrig, denn sie hatten nichts als die paar Beeren, die auf der Erde wuchsen.

Und weil sie so müde waren, dass die Beine sie nicht mehr tragen wollten, legten sie sich unter einen Baum und schliefen ein. Nun war's schon der dritte Morgen, dass sie ihres Vaters Haus verlassen hatten. Sie fingen wieder an zu gehen, und als es Mittag war, sahen sie ein schönes schneeweißes Vöglein auf einem Ast sitzen, das sang so schön, dass sie stehen blieben und ihm zuhörten. Und als es fertig war, schwang es seine Flügel und flog vor ihnen her, und sie gingen ihm nach, bis sie zu einem Häuschen gelangten, auf dessen Dach es sich setzte, und als die Kinder näher herankamen, sahen sie, dass das Häuschen ganz aus Brot gebaut war. Die Dachziegel waren aus Kuchen und die Fenster waren aus Zucker.

„Da wollen wir uns dranmachen", sprach Hänsel, „und eine richtige Mahlzeit halten. Ich will ein Stück vom Dach essen. Gretel, du kannst vom Fenster essen, das schmeckt süß." Hänsel streckte sich und brach ein wenig vom Dach ab, um zu versuchen, wie es schmeckte, und Gretel stellte sich an die Scheiben und knabberte daran.

Da rief eine feine Stimme aus der Stube heraus: „Knusper, knusper, knäuschen, wer knuspert an meinem Häuschen?"
Die Kinder antworteten: „Der Wind, der Wind, das himmlische Kind!", und sie aßen ungestört weiter. Hänsel, dem das Dach sehr gut schmeckte, riss sich noch ein großes Stück davon herunter, und Gretel stieß eine ganze Fensterscheibe heraus, setzte sich nieder und aß von dem köstlichen Lebkuchen.
Da ging auf einmal die Türe auf, und eine steinalte Frau, die sich auf einen Stock stützte, kam heraus. Hänsel und Gretel erschraken so sehr, dass sie fallen ließen, was sie in den Händen hielten. Die Alte aber wackelte mit dem Kopf und sprach: „Ei, ihr lieben Kinder, wer hat euch hierher gebracht? Kommt nur herein und bleibt bei mir, es geschieht euch kein Leid."
Sie fasste beide an der Hand und führte sie in ihr Häuschen. Da wurde gutes Essen aufgetragen, Milch und Pfannkuchen mit Zucker, außerdem gab es Äpfel und Nüsse. Danach wurden zwei schöne Bettlein weiß überzogen, und Hänsel und Gretel legten sich hinein und meinten, sie wären im Himmel.
Die Alte hatte sich nur so freundlich gestellt, sie war in Wirklichkeit eine böse Hexe, die den Kindern auflauerte. Sie hatte das Brothäuslein nur gebaut, um sie herbeizulocken. Frühmorgens, ehe die Kinder erwacht waren, stand sie schon auf, und als sie beide so lieblich ruhen sah mit den vollen, runden Backen, da murmelte sie vor sich hin: „Das wird ein guter Bissen werden." Dann packte sie Hänsel mit ihrer dürren Hand, trug ihn in einen kleinen Stall mit einer Gittertüre und sperrte ihn ein.
Dann ging sie zur Gretel, rüttelte sie wach und rief: „Steh auf, Faulenzerin, trag Wasser und koch' deinem Bruder etwas Gutes, der sitzt draußen im Stall und soll fett werden. Wenn er so weit ist, will ich ihn aufessen!"
Gretel fing an bitterlich zu weinen, aber es war alles vergeblich, sie musste tun, was die Hexe verlangte. Nun wurde dem armen Hänsel das Beste gekocht, aber Gretel bekam nichts Rechtes.
Jeden Morgen schlich die Alte zum Ställchen und rief: „Hänsel, streck' deinen Finger heraus, damit ich fühle, ob du bald fett bist." Hänsel streckte ihr aber ein Knöchlein heraus. Die Alte, die schlecht sehen konnte, bemerkte das nicht und glaubte, es sei Hänsels Finger. Sie wunderte sich, dass er gar nicht fett werden wollte. Als vier Wochen herum waren, da überkam sie die Ungeduld. „Heda, Gretel", schrie sie, „sei flink und trage Wasser, Hänsel mag fett oder mager sein, morgen will ich ein Festmahl haben." Ach, wie jammerte das arme Schwesterchen, als es das Wasser tragen musste, und wie flossen ihm die Tränen über die Backen herunter!

Frühmorgens musste das Mädchen heraus, den Kessel mit Wasser aufhängen und Feuer anzünden. „Erst wollen wir backen", sagte die Alte, „ich habe den Backofen schon angeheizt und den Teig geknetet." Sie stieß die arme Gretel hinaus zum Backofen. „Kriech hinein", sagte die Hexe, „und sieh nach, ob er recht eingeheizt ist, damit wir das Brot hineinschieben können." Sobald das Mädchen drinnen wäre, wollte sie hinter ihm die Ofentür zumachen und die Kleine braten. Aber Gretel merkte wohl, dass die Alte Böses im Sinn hatte und sprach: „Ich weiß nicht, wie ich's machen soll, wie komme ich denn da hinein?" – „Dumme Gans", sagte die Alte, „die Öffnung ist groß genug, siehst du wohl, ich könnte selbst hinein." Dabei kam sie nahe heran und streckte den Kopf in den Backofen. Da gab ihr Gretel einen Stoß, dass nun die Hexe in den Ofen fiel, machte die eiserne Tür zu und schob den Riegel vor. Huuh!, da fing die Hexe an zu heulen, aber Gretel lief fort, und die Alte musste verbrennen.

Gretel aber eilte schnurstracks zu Hänsel, öffnete sein Ställchen und rief: „Hänsel, wir sind befreit, die Hexe ist tot." Da sprang Hänsel heraus. Wie haben sie sich gefreut und sind sich um den Hals gefallen.

Und weil sie sich nicht mehr zu fürchten brauchten, gingen sie in das Haus der Hexe hinein, da standen in allen Ecken alte Truhen mit Perlen und Edelsteinen. Davon stopften sich die Kinder in die Taschen, so viel nur hineinpasste. Dann gingen sie fort, denn sie wünschten sich, dass sie möglichst bald aus dem Hexenwald herauskämen.

Nach ein paar Stunden gelangten sie an ein großes Wasser. „Wir können nicht hinüber", sprach Hänsel, „ich sehe keinen Steg und keine Brücke." – „Hier fährt auch kein Schiffchen", antwortete Gretel, „aber da schwimmt eine weiße Ente, wenn ich die bitte, so hilft sie uns hinüber." Da rief Gretel: „Entchen, Entchen, da stehen Hänsel und Gretel. Kein Steg und keine Brücken, nimm uns auf deinen Rücken!"

Das Entchen kam heran und brachte die beiden sicher ans andere Ufer. Und als sie glücklich darüber waren und ein Weilchen fortgingen, da kam ihnen der Wald immer bekannter vor, und endlich erblickten sie von Weitem das Haus ihres Vaters. Da fingen sie an zu laufen, stürzten in die Stube hinein und fielen ihrem Vater um den Hals.

Der Mann hatte keine frohe Stunde gehabt, seitdem er die Kinder im Wald gelassen hatte, die Frau aber war unterdessen gestorben.

Da schüttete Gretel ihr Schürzchen aus, dass die Perlen und Edelsteine in der Stube herumsprangen. Hänsel warf eine Hand voll nach der anderen aus seiner Tasche dazu. Da hatten alle Sorgen ein Ende, und sie lebten glücklich zusammen bis an ihr Lebensende.

Dornröschen

Vor vielen, vielen Jahren lebten einmal ein König und eine Königin. Sie waren sehr glücklich miteinander, und da sie in ihrem Reiche weder Krieg noch Hungersnot hatten, hätten sie so recht sorglos sein können.

Aber sie hatten dennoch einen stillen Kummer: So sehr sie sich auch Kinder wünschten, sie hatten keine; dieses Glück war ihnen bisher versagt geblieben, und so sprachen sie täglich: „Ach, wenn wir doch nur ein Kindlein hätten!"

Als nun eines Tages die Königin im Schlosspark an einer Quelle baden wollte, trug es sich zu, dass ein Frosch aus dem Wasser gestiegen kam und zu ihr sprach: „Frau Königin, ehe ein Jahr vergeht, wird Euer Wunsch in Erfüllung gehen, und Ihr werdet ein Töchterlein haben." Und noch bevor die Königin recht begriffen hatte, was der Frosch gesagt hatte, war er wieder in die Quelle getaucht. Seine Worte jedoch erfüllten sich: Noch ehe ein Jahr vergangen war, schenkte die Königin einem kleinen Mädchen das Leben. Das Kind war so schön und lieblich, dass der König sich vor Freude nicht zu fassen wusste und zur Taufe des Mädchens ein großes Fest ausrichtete.

Er lud nicht nur alle seine Verwandten, seine Freunde und Bekannten ein, sondern er ließ seine Boten mit der Einladung zum Feste auch zu den weisen Frauen des Landes reiten, damit sie zur Taufe seines Kindleins kämen und ihm mit ihren Gaben und Zaubersprüchen nur Gutes wünschten. Dreizehn weise Frauen gab es in dem Reich.

Da der König jedoch nur zwölf goldene Teller hatte, von denen die weisen Frauen beim Feste essen sollten, musste eine von ihnen zu Hause bleiben. Das Fest wurde mit aller Pracht und Großartigkeit gefeiert, und der guten Wünsche für des Königs Töchterlein waren reichlich genug.

Als das köstliche Festmahl zu Ende war, begaben sich die Gäste in das Gemach des Schlosses, in dem auf einem dicken, roten Teppich die Wiege der Königstochter stand. Als jeder Gast das Kindlein bewundert hatte, traten die zwölf weisen Frauen an die goldene Wiege, um es mit ihren Wundergaben zu beschenken. Die erste wünschte ihm Tugend, die zweite Klugheit, die dritte Schönheit, die vierte Gesundheit, die fünfte Reichtum, und so beschenkten sie das Mädchen mit den besten Gütern, die es auf der Welt gibt.

Als nun gerade die elfte Frau ihren Wunderspruch getan hatte, trat plötzlich die dreizehnte in den Saal. Sie trug ein weites, schwarzes Gewand, hatte einen Zauberstab in der Hand und war sehr böse, dass sie nicht eingeladen worden war. Dafür wollte sie sich nun rächen. Ohne jemanden zu grüßen oder auch nur anzusehen, trat sie an die Wiege, hob ihren Stab und rief mit schriller Stimme: „Die Königstochter soll sich in ihrem fünfzehnten Lebensjahr an einer Spindel stechen und tot umfallen!“ Und ohne ein weiteres Wort zu sprechen, wandte sie sich um und verließ den Saal.

Wie erstarrt standen alle Gäste. Der König und die Königin waren so erschrocken, dass sie keine Worte mehr fanden. Da trat die zwölfte der weisen Frauen hervor, die ja ihren Wunsch noch nicht gesprochen hatte. Sie konnte zwar den bösen Spruch der dreizehnten nicht aufheben, aber sie hatte doch die Macht, ihn zu mildern, und so sagte sie: „Es soll kein Tod sein, der die Königstochter mit fünfzehn Jahren treffen wird, es soll nur ein tiefer Schlaf sein, der hundert Jahre dauern wird."

Als nun das Fest zu Ende war, hatten der König und die Königin große Sorge um ihr geliebtes Kind, und sie überlegten, wie sie ihr Töchterlein vor dem Unglück bewahren könnten. So ließ der König den Befehl ausgeben, dass alle Spindeln im Königreich verbrannt werden sollten, um sein Kind vor der drohenden Gefahr zu schützen.

An dem Mädchen aber wurden die guten Gaben der weisen Frauen sämtlich erfüllt: Es war so schön, so sittsam und freundlich, so klug und verständig, dass jedermann, der es ansah, es lieb haben musste. Und da das Mädchen mit jedem weiteren Jahr zur Freude aller immer lieblicher und klüger wurde, wurde der böse Spruch der dreizehnten Frau fast vergessen.

An dem Tage nun, an dem das Königstöchterlein fünfzehn Jahre alt wurde, geschah es, dass der König und die Königin für kurze Zeit nicht zu Hause waren und das Mädchen im Schloss zurückblieb. Da ging es neugierig überall herum, schaute sich Stuben und Kammern an, stieg über Treppen in unbekannte Gemächer, wie es gerade Lust hatte, und kam schließlich auch an einen alten Turm mit einem spitzen, roten Dach.

Das Mädchen stieg die steile Treppe außen am Turm hinauf und gelangte ganz oben zu einer kleinen, grünen Tür, die von Spinnweben verhangen war. Sie öffnete die Tür und erblickte in einem kleinen Stübchen eine alte Frau an einem Spinnrad. Diese hantierte eifrig mit der Spindel und spann ihren Flachs. Dornröschen ging in das Stübchen.

„Guten Tag, gutes altes Mütterchen", sagte die Königstochter freundlich. „Was machst du da?"

„Ich spinne", erwiderte die alte Frau und nickte mit dem Kopf.

Da das Mädchen noch nie jemand hatte spinnen sehen – denn alle Spindeln waren ja im Königreich verbrannt worden – schaute es verwundert und neugierig zu und meinte schließlich: „Was ist das für ein Ding, das da so lustig herumspringt?" – „Das ist eine Spindel", sagte die Alte. – „Ob ich das Spinnen wohl versuchen dürfte?", fragte das Mädchen. Da erhob sich die alte Frau von ihrem Schemel und ließ die Königstochter hinter das Spinnrad treten.

Kaum aber hatte das Mädchen sich an das Spinnrad gesetzt und die Spindel angerührt, ging der Zauberspruch in Erfüllung: Sie stach sich damit in den Finger und in dem Augenblick, da sie den Stich empfand, sank sie nieder und fiel in einen tiefen Schlaf.

Und dieser Schlaf verbreitete sich bald über das ganze Schloss. Der König und die Königin, die soeben wieder nach Hause gekommen waren und sich an die gedeckte Tafel zum Mittagsmahl gesetzt hatten, wurden plötzlich so müde, dass sie zu gähnen anfingen. Der König stützte das Haupt auf seinen Arm und schlief mit dem goldenen Weinkelch in der Hand ein. Und auch die Königin ließ den Kopf sinken, und die Augen fielen ihr zu.

Das Mittagsmahl, das vor ihnen auf dem Tisch stand, dampfte bald nicht mehr und wurde kalt.

Der ganze Hofstaat schlief mit ihnen ein: Die Wachen, die Diener, die Kammermädchen und die Mägde sanken, wo sie gerade standen, zu Boden und schliefen ein. Der Trommler ließ seine Trommelschlegel fallen und begann zu schlafen. Die Enten steckten ihre Schnäbel zwischen die Flügel, und die Hühner nickten ein. Da schliefen auch die Pferde im Stall, die Hunde auf dem Hof und die Tauben auf dem Dach, die Vöglein in den Bäumen, ja sogar die Fliegen an der Wand. Die Magd, die eben in einem Korb Holz holen wollte, schlief ein, und das Feuer, das im Herd flackerte und das Essen kochen sollte, wurde still und fiel in sich zusammen. Da hörte auch der Braten auf zu brutzeln. Der Koch, der den Küchenjungen gerade am Ohr ziehen wollte, weil der den Milchkrug hatte fallen lassen, hielt inne und schlief im Stehen mit hoch erhobener Hand ein; und die Köchin, die daran war, ein Hähnchen zu rupfen, ließ den Kopf sinken und fiel auf ihrem Hocker in tiefen Schlummer. Sogar der Wind hörte auf zu blasen, und auf den Bäumen vor dem Schlosse und im Schlosshof regte sich kein Blättchen mehr.

Rings um das Schloss aber begann eine große Dornenhecke zu wachsen, die jedes Jahr höher und höher wurde und schließlich das ganze Schloss umzog, bis sie darüber hinaus wuchs, sodass gar nichts mehr davon zu sehen war, nicht einmal die Fahne auf dem höchsten Turm.

Als viele Jahre vergangen waren und die Hecke immer gewaltiger und dichter geworden war, fing die Sage im Lande an umzugehen, dass unter diesen Dornen in einem prächtigen Schloss das wunderschöne Dornröschen schlafe, denn so wurde die Königstochter nun genannt. Immer wieder versuchten Königssöhne, die Dornenhecke zu durchdringen, aber keinem von ihnen war es bisher möglich, durch die gewaltige und undurchdringliche Hecke zu kommen.
Nach langen, langen Jahren kam wieder einmal ein Königssohn in das Land. Als er nach der eigenartigen, mächtigen Dornenhecke fragte, erzählte ihm ein alter, zerlumpter Mann, dass ein Schloss dahinter stehen solle, in welchem eine wunderschöne Königstochter, Dornröschen genannt, schon seit hundert Jahren schliefe, und mit ihr schliefe der König und die Königin und der ganze Hofstaat, alle Diener und Mägde, alle Pferde und alles Getier, kurz alles, was zum Schloss gehörte.

Der alte Mann wusste auch von seinem Großvater, dass schon viele Königssöhne gekommen waren und versucht hatten, die Dornenhecke zu durchbrechen und zum Schloss und dem schlafenden Dornröschen vorzudringen. Aber keinem war es gelungen, alle waren sie in den Dornen hängengeblieben und eines jämmerlichen Todes gestorben. Da sprach der mutige Jüngling: „Ich fürchte mich nicht! Ich will es wagen und durch die Hecke dringen; ich will das schöne Dornröschen sehen." Der gute Alte mochte ihm abraten, soviel er wollte, der Königssohn hörte nicht auf seine Worte und machte sich auf den Weg zur Dornenhecke.

Nun waren aber gerade die hundert Jahre vergangen, und der Tag war gekommen, an dem der böse Zauber zu Ende war und Dornröschen wieder erwachen sollte. Als der Königssohn sich der mächtigen Dornenhecke näherte, geschah es, dass aus den schrecklichen Dornen die schönsten Blumen erblühten. Lauter große, wunderbare rote Rosen entfalteten sich, und die Hecke tat sich, wie von unsichtbaren Händen gehoben, von selbst vor dem Prinzen auseinander. Sie ließ ihn unversehrt durch. Er ging immer weiter und weiter in dem fremden, schlafenden Schloss. Und schließlich kam er auch zu dem Turm, den Dornröschen vor hundert Jahren erstiegen hatte.

Er ging die Treppe hinauf und stand oben vor der Türe, die zu der kleinen Stube führte, in welcher Dornröschen schlief.
Als er die Türe öffnete, da lag das wunderschöne Mädchen vor ihm, und er war so bezaubert von seinem Anblick, dass er die Augen nicht von ihm abwenden konnte. Er betrachtete Dornröschen lange, dann kniete er nieder und gab ihm einen Kuss. Als er es aber mit dem Kusse berührt hatte, schlug das Mädchen die Augen auf, erwachte und blickte ihn freundlich und verwundert an. Er nahm Dornröschen bei der Hand, und sie stiegen miteinander die Treppe hinab in das Schloss. Und da erwachte nach und nach, einer nach dem anderen, der ganze Hofstaat, und alle rieben sich den Schlaf aus den Augen und sahen sich erstaunt an.

Die Pferde im Stall hoben die Köpfe und rüttelten ihre Mähnen, die Hunde im Hof reckten sich und schüttelten sich den Schlaf aus dem Fell.
Die Tauben auf dem Dach zogen ihre Köpfchen unter den Flügeln hervor und schauten verwundert umher, und die Hühner fingen wieder an zu gackern und zu scharren.
Die Vögel flogen hinaus ins Feld und sangen ein frohes Lied, und auch die Fliegen an der Wand fingen wieder an zu krabbeln. Das Feuer im Küchenherd flackerte auf und kochte das Essen weiter, und der Braten fing wieder an zu brutzeln. Der Koch gab dem Küchenjungen den vor hundert Jahren verdienten Klaps mit dem Kochlöffel, und die Köchin rupfte eifrig ihr Hähnchen weiter. Der Trommelbube begann wieder zu trommeln, die Magd trug ihren Holzkorb in die Küche, die Wächter an den Toren reckten und streckten sich und nahmen wieder ihre Hellebarden in die Hände. Alles, was im Schlosse unter dem hundertjährigen Zauber geschlafen hatte, wachte auf und ging seinen Geschäften nach.
Da nun aber der Königssohn das wunderschöne Dornröschen vor den König und die Königin führte, die noch immer wie vor hundert Jahren an der gedeckten Tafel schlummerten, erwachten auch die Eltern und freuten sich über den gelösten Zauber so sehr, dass der König den beiden eine festliche Hochzeit ausrichten ließ.
Die wurde bald darauf in aller Pracht und Herrlichkeit gefeiert, und Dornröschen und der Königssohn lebten glücklich und vergnügt bis an ihr Lebensende.

Die Bremer Stadtmusikanten

Es hatte ein Mann einen alten, treuen Esel mit einem roten Halfter. Der hatte schon lange, lange Jahre unverdrossen die Säcke zur Mühle getragen und den schweren Karren gezogen. Nun gingen allmählich seine Kräfte zu Ende, sodass er zur Arbeit von Tag zu Tag untauglicher wurde. Da dachte sein Herr daran, den unnützen Fresser aus der Welt zu schaffen. Der Esel merkte aber, dass kein guter Wind wehte, und er lief fort. Als er darüber nachdachte, womit er jetzt seinen Lebensunterhalt verdienen sollte, beschloss er, sich auf den Weg nach Bremen zu machen: Dort könnte er, so meinte der Esel, ja Stadtmusikant werden.

Als er ein Weilchen so einsam und recht traurig dahingetrottet war, traf er einen alten, braunen Jagdhund, der auf dem Wege lag und japste, wie einer, der sich müde gelaufen hat.

„Was schnaufst du denn so, wie ein Fisch, der nach Luft schnappt?“, fragte der Esel.

„Ach“, sagte der Hund, „weil ich alt bin, jeden Tag schwächer werde und auch auf der Jagd nicht mehr so recht hinter den Hasen herrennen kann, wollte mich mein Herr totschlagen. Da habe ich Reißaus genommen; aber womit soll ich jetzt mein Brot verdienen? Einen neuen Herrn finde ich auf meine alten Tage nicht mehr.“

„Weißt du was“, schlug der Esel vor, „ich gehe nach Bremen und werde dort Stadtmusikant. Geh doch mit und versuch dich auch in der Musik. Ich spiele die Laute und du schlägst die Pauke.“

Der Hund war zufrieden, und sie gingen gemeinsam weiter. Sie waren noch nicht lange gegangen, da sahen sie am Wegrand eine pechschwarze Katze sitzen. Der liefen die Tränen nur so herunter, und sie machte ein Gesicht wie drei Tage Regenwetter.
„Was ist dir denn in die Quere gekommen, du alter Bartputzer?“, fragte der Esel. – „Ja, wie soll man da noch lustig und vergnügt bleiben, wenn‘s einem an den Kragen geht“, antwortete die Katze. – „Wer will dir was antun und warum?“, fragte der Hund.
„Ach“, seufzte die Katze, „weil ich in die Jahre gekommen bin, meine Zähne stumpf werden und ich lieber hinter dem Ofen sitze und spinne, als nach Mäusen umherzujagen, hat mich meine Herrin ertränken wollen. Zwar habe ich mich noch rechtzeitig aus dem Staub machen können; aber nun ist guter Rat teuer: Wo soll ich hin? Ein warmer Ofen und ein weiches Plätzchen finden sich nicht mehr so leicht für einen alten, schon etwas steif gewordenen Mäusefänger.“
„Komm mit uns nach Bremen! Du bist doch ein Meister der Nachtmusik, du kannst mit uns Stadtmusikant werden“, schlugen die Wandergesellen vor. Die Katze fand, dass das ein guter Vorschlag war, und ging mit. Bald darauf kamen die drei an einem Bauernhof vorbei, da saß auf dem Torbalken der bunte Haushahn und schrie aus Leibeskräften.
„Du schreist, dass es einem durch Mark und Bein geht“, rief ihm der Esel zu, „wo brennt es denn, dass du so krähen musst?“
„Ha“, krähte der Hahn, „schändlicher Undank! Da habe ich gutes Wetter angekündigt, aber weil morgen Gäste kommen, hat die Hausfrau kein Erbarmen und der Köchin befohlen, dass ich in der Suppe gegessen werden soll. Heute Abend wird mir der Hals umgedreht, da schrei ich jetzt, solange ich es noch kann.“
„Ach was, du Rotschopf, wer wird sich freiwillig den Kopf abschneiden lassen, solange er ihn noch zum Nachdenken gebrauchen kann“, sagte der Esel. „Zieh lieber mit uns fort, etwas Besseres als den Tod findest du überall. Wir gehen nämlich nach Bremen zur Stadtmusik. Du hast doch eine gute Stimme, und wenn wir zusammen musizieren, sind wir ein harmonisches Quartett.“
Der Hahn ließ sich den Vorschlag gefallen, sprang von seinem Balken herab, und sie gingen alle vier zusammen fort. Die Köchin jedoch hat sich ein anderes Opfer für ihre Suppe suchen müssen. Die Stadt Bremen war weit, und unsere vier Freunde konnten sie nicht in einem Tag erreichen.

Als es Abend wurde, kamen sie an einen dichten Wald, und der Esel, als ihr Anführer, sprach: „Hört zu, Kameraden, wir sind alle nicht mehr die Jüngsten, und es ist nicht gut, die alten Glieder allzu sehr zu strapazieren. Auch kann man bei Nacht nicht gut wandern. Lasst uns in diesem Walde nächtigen so gut es geht und erst bei Tagesanbruch unseren Weg fortsetzen, wenn es wieder hell wird."
Und die Gesellen beschlossen, sich jeder ein geeignetes Quartier zu suchen. So legten sich der Esel und der Hund unter einen großen Baum, dessen Krone ihnen etwas Schutz bot. Die Katze kletterte am Stamm empor und suchte sich ein Plätzchen in einer der unteren Astgabeln, in dem sie sich lang machte. Der Hahn flog bis in die Spitze des Baumes, wo es am sichersten für ihn war.

Ehe er einschlief, sah er sich noch einmal nach allen vier Winden um. Er wandte sich zuerst nach Westen zur untergehenden Sonne, dann blickte er nach Süden in den klaren Sternenhimmel, darauf nach Osten gen Sonnenaufgang und schließlich nach Norden, von wo ihm der Polarstern aus dunkler Nacht entgegenleuchtete. Da war ihm, als sähe er in nicht allzu großer Ferne im Wald ein Lichtlein brennen. Er rief seinen Gesellen zu, es müsse nicht weit von hier ein Haus sein, denn es scheine ein Licht zu ihm herauf.
Da meinte der Esel: „Dann lasst uns dort hingehen, trotz der späten Stunde, denn hier ist die Herberge unfreundlich und nicht das Rechte für unsere alten Knochen. Es ist feucht, und der Wind pfeift durch die Büsche."

Der Hund meinte auch, ein paar handfeste Knochen mit etwas Fleisch daran könnten ihm guttun. Die Katze sehnte sich nach einem Plätzchen am Ofen, und der Hahn wünschte sich lieber ein Dach über dem Kopf, als sich auf Baumeswipfeln vom Winde schaukeln zu lassen.

Also machten sie sich auf den Weg durch den finsteren Wald nach der Gegend, aus der das Licht kam, und bald sahen sie es heller und heller schimmern. Es wurde immer größer, bis sie vor ein hell erleuchtetes Räuberhaus kamen. Der Esel, der ja der Größte von ihnen war, näherte sich dem Fenster und schaute hinein.

„Was siehst du, Grauschimmel?", fragte der Hahn. – „Oh, Freunde", antwortete der Esel, „ich sehe einen reich gedeckten Tisch mit schönem Essen und Trinken in Hülle und Fülle. Räuber sitzen um den Tisch und lassen es sich gut gehen." – „Viele Räuber?", fragten die Genossen.

„Ich sehe drei", berichtete der Esel. „Der eine wird der Hauptmann sein, denn er trägt einen verwegenen Schnauzbart und hat einen spitzen Hut auf, mit einer Feder daran. Ein anderer scheint ein übler Kerl zu sein mit einer schwarzen Binde über dem rechten Auge. Der dritte mit der grauen Mähne und dem geflickten Wams ist ein richtiger Einfaltspinsel."
„Die haben's gut und sitzen warm", winselte der Hund. „Das wäre die richtige Herberge für uns", krähte der Hahn. „Satt sein und am Feuer schnurren", miaute die Katze, und dabei ging ihr ein wohliger Schauer über das zerzauste, schwarze Fell. Da beratschlagten die Tiere, wie sie die Räuber aus dem Haus jagen könnten und einigten sich auf einen Plan:
Der Esel musste sich mit den Vorderfüßen auf das Fenstersims stellen, der Hund sollte auf den Rücken des Esels springen, die Katze auf den Hund klettern, und schließlich der Hahn hinauf flattern und sich der Katze auf den Kopf setzen. Wie sie sich so aufgestellt hatten, fingen sie auf ein Zeichen alle auf einmal an, ihre Musik zu machen: Der Esel schrie aus Leibeskräften, der Hund bellte, so wütend er nur konnte, die Katze miaute herzzerreißend, dass es einem ins Mark ging, und der Hahn krähte schrill und durchdringend. Dann stürzten sie durch das Fenster in die Stube hinein, dass die Scheiben zersprangen und die Scherben klirrend auf den Boden fielen.

Die Räuber fuhren bei dem entsetzlichen Geschrei voller Schrecken in die Höhe, warfen die Stühle um und verschütteten den Wein. Sie dachten, ein fürchterliches Gespenst käme da zum Fenster herein, und flohen in großer Furcht in den Wald hinaus, so schnell ihre Füße sie tragen konnten. Da nun das Haus frei war, setzten die vier Gesellen sich munter an den Tisch und schlugen sich mit den übrig gebliebenen Speisen den Magen voll. Der Esel ließ sich Salat und Möhren schmecken, der Hund hielt sich an Wurst und Schinken. Die Katze fand frischen Fisch für ihren Hunger, und der Hahn war mit Brot und einigen Körnern zufrieden. Sie aßen, als ob sie vier Wochen lang hungern sollten, denn sie wussten ja auch nicht, wie lange es ihnen so gut ergehen würde.

Als die vier Spielleute mit dem Essen fertig waren, löschten sie das Licht aus und suchten sich eine Schlafstätte, jeder nach seiner Art und Bequemlichkeit. Der Esel legte sich auf den Misthaufen hinter dem Haus und streckte sich wohlig in der Wärme. Der Hund rollte sich hinter der Tür zusammen und knurrte vor Behaglichkeit. Die Katze schnurrte sich auf dem Herd bei der warmen Asche ein, und der Hahn flog hinauf auf den Hahnenbalken und steckte den Kopf unter den Flügel.
Weil sie müde waren von ihrem langen Weg und auch von der reichlichen Mahlzeit, schliefen sie bald ein und träumten von ihren besten Tagen: Der Esel sah sich mit Säcken voll beladen zur Mühle traben, als er noch ein kräftiger junger Bursche war und dachte daran, wie der Herr seine Mühe durch reichliches Futter belohnt hatte.

Der Hund war im Traum mit seinem Herrn auf der Pirsch und jagte spielend die flinksten Hasen. Die Katze träumte von fetten Mäusen und von süßer Milch, die ihr zur Belohnung vorgesetzt worden war. Der Hahn schließlich schritt als Herr über viele Hühner stolz erhobenen Hauptes über seinen Hof, und sein Kamm leuchtete wie eine Königskrone.
Als Mitternacht vorbei war und die Räuber von Weitem sahen, dass kein Licht mehr im Hause brannte und alles ruhig schien, sprach der Räuberhauptmann zu seinen Leuten: „Wir hätten uns doch nicht ins Bockshorn jagen lassen sollen.“ Und er ließ einen von seinen Räubern, den mit dem einfältigen Gesicht, hingehen und das Haus untersuchen, denn er selbst traute dem Frieden nicht so ganz.

Der Räuber schlich auf Zehen leise herbei. Als er alles still vorfand, ging er in die Küche, um ein Licht anzuzünden. Weil er die feurig leuchtenden Augen der Katze für glühende Kohlen ansah, hielt er ein Schwefelhölzchen daran, damit es Feuer fangen sollte und er eine Kerze daran anzünden konnte. Aber die Katze verstand keinen Spaß, sie sprang dem Räuber ins Gesicht, schrie und kratzte. Der erschrak gewaltig und schrie aus voller Kehle um Hilfe. Er lief umher und wollte zur Hintertür hinaus; aber der Hund, der da lag, sprang auf und biss ihn ins Bein. Als er über den Hof am Misthaufen vorüber rannte, wartete der Esel schon auf ihn und gab ihm noch einen kräftigen Schlag mit dem Hinterfuß. Der Hahn aber, der von dem Lärm aus dem Schlaf geweckt worden war, rief von seinem Balken herab: „Kikeriki, kikeriki!" Da lief der Räuber völlig außer Atem zu seinem Hauptmann zurück und sprach: „Ach, in unserem Haus ist der Teufel eingekehrt. Am Herd sitzt eine furchtbare Hexe, die hat mich angeblitzt mit ihren grünlich glühenden Augen, mich giftig angefaucht wie ein böser Drache und mir mit ihren langen Fingern das Gesicht zerkratzt. Vor der Tür steht ein starker Mann mit einem scharfen Messer, damit hat er mich ins Bein gestochen. Und auf dem Hof liegt ein schwarzes Ungetüm, das hat mich mit einer Keule verprügelt, und oben auf dem Dach sitzt ein Richter, der rief: „Bringt mir den Schelm, bringt mir den Schelm. Da machte ich schleunigst, dass ich fort kam."

Von nun an getrauten die Räuber sich nicht mehr zurück in das Haus. Den vier Bremer Stadtmusikanten gefiel es aber so gut darin, dass sie nicht wieder heraus wollten.

Der Wolf und die 7 Geißlein

Es war einmal eine Ziege, die hatte sieben junge Geißlein. Sie hatte ihre Geißlein sehr lieb, so wie eben eine Mutter ihre Kinder gern hat.
Eines Tages musste die Mutter Geiß in den Wald gehen, um Futter für ihre hungrige Schar zu holen. Da rief sie alle sieben herbei und sprach: „Liebe Kinder, ich will hinaus in den Wald, hütet euch vor dem Wolf, er ist böse und tückisch; wenn ihr ihn hereinlasst, dann frisst er euch alle mit Haut und Haaren auf. Der Bösewicht verstellt sich oft, aber an seiner rauen Stimme und an seinen schwarzen Füßen werdet ihr ihn gleich erkennen." Die Geißlein sagten: „Liebe Mutter, wir wollen uns schon in Acht nehmen, du kannst ohne Sorge fortgehen, wir werden ihm die Tür nicht öffnen!" Da meckerte die Ziege und machte sich getrost auf den Weg. Der Wolf aber hatte aus der Ferne beobachtet, wie die Mutter das Haus verließ und bei sich gedacht: „Die sieben jungen Geißlein werden mir gut schmecken!"

So schlich er sich auf leisen Pfoten ans Haus heran und schaute durchs Fenster hinein, da sah er die Kinder fröhlich spielen. Und weil er so gierig und hungrig war, wollte er nicht mehr länger warten und klopfte gleich an die Tür. Da riefen die Geißlein: „Wer ist draußen?“ „Ich bin es“, sagte der Wolf, „macht doch auf, ihr lieben Kinder, eure Mutter ist da und hat jedem von euch etwas mitgebracht!“ Aber die Geißlein hörten es gleich an der rauen Stimme, dass das nicht die Mutter, sondern der böse Wolf war. „Wir öffnen nicht“, riefen sie, „du bist nicht unsere Mutter, die hat eine feine und liebliche Stimme, aber deine Stimme ist rau, du bist der Wolf!“ Da wurde der Bösewicht furchtbar wütend und schlich sich davon. Die Geißlein aber spielten weiter und freuten sich, dass sie so schlau gewesen waren.

Der Wolf jedoch gab seinen Plan nicht auf. „Die raue Stimme hat mich also verraten", sprach er vor sich hin, „ich muss etwas tun, damit ich fein und lieblich sprechen kann!" Und da fiel ihm ein, dass er einmal vor langer Zeit gehört hatte, dass Kreide die Stimme hell mache. Plötzlich rief er: „Ich hab's!", und er lief, so schnell ihn die Beine tragen konnten, ins nächste Dorf zum Krämer. Der Mann erschrak furchtbar, als der Wolf seinen Laden betrat und wild mit den Augen rollte. „Gib mir ein Stück Kreide!", knurrte er, „aber beeile dich, sonst werde ich wütend!" Die Angst des Krämers war so groß, dass er dem Bösewicht ein Riesenstück Kreide ganz umsonst gab, nur damit der Wolf schnell wieder fortgehen sollte. Der machte sich auch unverzüglich auf den Rückweg, setzte sich unterwegs hin und fraß die Kreide. Dann wartete er noch ein Weilchen, und wirklich, seine Stimme war sanft und rein geworden. Frohen Mutes wanderte er zurück zum Haus der Geißlein. „Jetzt werden sie mir glauben", dachte er und leckte sich schon das Maul. Er klopfte an die Haustür und rief: „Macht auf, ihr lieben Kinder, eure Mutter ist da und hat jedem von euch etwas mitgebracht."

Da liefen die Geißlein alle zur Tür, denn die Stimme war wunderbar fein und sanft. Schon wollte eines den Riegel zurückschieben, da meinte ein anderes: „Unsere Mutter hat gesagt, der Wolf könne sich verstellen, machen wir lieber nicht auf, wir wollen erst sehen, ob die Pfote schwarz oder weiß ist!" Die anderen waren einverstanden und so riefen sie: „Leg' doch einmal deinen Fuß ins Fenster, damit wir sehen, ob du wirklich unsere Mutter bist!"
Da streckte der Wolf ärgerlich seine Pfote zum Fenster herein, und die Geißlein sahen, dass sie dunkel war. „Wir machen nicht auf", riefen sie, „unsere Mutter hat keinen schwarzen Fuß wie du, ihre Pfote ist schneeweiß, du bist der Wolf!"
Da wurde der Wolf so böse, dass er sich am liebsten selber aufgefressen hätte. Aber schließlich kam er zur Besinnung und dachte sich eine neue List aus. Er machte sich wieder auf den Weg ins Dorf, doch ging er dieses Mal zum Bäcker. Dort setzte er eine traurige Miene auf und jammerte: „Ach, lieber Bäcker, ich hab mich am Fuß gestoßen und muss jetzt

entsetzliche Schmerzen aushalten. Streich' mir doch bitte ein bisschen Teig auf die Pfote, das kühlt bestimmt ein wenig!" Der Bäcker, der ein freundlicher Mann war, meinte: „Eigentlich sollte ich es ja nicht tun, du alter Gauner, aber komm her, du sollst nicht leiden."

Und er bestrich ihm die Pfote mit Teig. „Vielen Dank!", meinte der Wolf mit einem listigen Funkeln in den Augen und verließ hinkend die Backstube. „So, jetzt ist der Fuß schön klebrig vom Teig", sprach er vor sich hin, „jetzt muss noch schönes, weißes Mehl darauf, und mein Pfötchen ist hell! Am besten, ich gehe zum Müller", überlegte er, „die Mühle ist nahe beim Wald, da ist es nicht mehr weit bis zum Geißen-Haus und ich mache mir auf dem Weg meine Pfote nicht mehr schmutzig. Aber ich muss mich beeilen, sonst kommt die Alte nach Hause und meine ganze Mühe war umsonst."

Als er zu der Mühle kam, klopfte er voller Ungestüm gegen die Tür. Der Müller öffnete und war erstaunt, als er den Wolf draußen sah. Der aber sprach: „Schau nicht so dumm, streu' mir weißes Mehl auf die Pfote!" Der Müller dachte: „Sicher will der Wolf wieder einen betrügen", deshalb weigerte er sich.

Aber der Wolf knurrte böse und sprach: „Wenn du es nicht tust, dann fresse ich dich mit Haut und Haaren!" Da fürchtete sich der Mann sehr und machte dem Wolf die Pfote weiß.
Der machte sich sogleich, ohne ein Wort des Dankes, aus dem Staub. Nun lief er zum dritten Male zu der Haustür, klopfte an und sprach: „Macht mir auf, Kinder, euer liebes Mütterchen ist heimgekommen und hat jedem von euch etwas aus dem Walde mitgebracht!" Da riefen die Geißlein wieder: „Zeig uns erst deine Pfote, damit wir wissen, dass du auch wirklich unser liebes Mütterchen bist!" Da legte der Wolf die Pfote ins Fenster, und als sie sahen, dass sie schneeweiß war, da glaubten sie alles, was der Wolf gesagt hatte, und machten die Türe auf.
Da stürzte der Wolf herein. Wie erschraken die Geißlein! In ihrer Angst rannten sie kreuz und quer durch die Stube und versuchten sich zu verstecken. Das eine sprang unter den Tisch, das zweite ins Bett, das dritte in den Ofen, das vierte in die Küche, das fünfte in den Schrank, das sechste unter die Waschschüssel, das siebte aber, es war das jüngste von allen, sprang in den Kasten der Standuhr.

Der Wolf blieb einen Augenblick stehen, rollte entsetzlich mit den Augen, dann schrie er. „Hilft euch nichts, ihr Gesindel, ich finde euch alle!“, und er lief zum Tisch, zum Bett, zum Ofen, in die Küche, zum Schrank und zur Waschschüssel. Alle hat er sie gefunden und verschlungen, bis auf das jüngste im Uhrenkasten, das konnte er nicht entdecken. Aber da er ohnehin schon satt war, suchte er nicht mehr weiter, denn er war sehr müde geworden. Er verließ das Haus, ließ die Türe weit offen stehen und legte sich nicht weit davon auf die grüne Wiese unter einen Baum, der Schatten spendete. Bald überkam ihn der Schlaf, und er schnarchte laut. Nicht lange danach kam die Ziege nach Hause. Sie wusste nicht so recht weshalb, aber auf dem Heimweg hatte sie plötzlich entsetzliche Angst um ihre Kinder bekommen und sich beeilt, so kam sie ziemlich früh nach Hause.

Ach, was musste sie da erblicken! Die Haustüre stand weit offen. Voll böser Ahnung ging sie ins Haus. Als sie sich umsah, blieb ihr fast das Herz stehen. Der Tisch war umgeworfen, Stühle und Bänke lagen im Zimmer verstreut. Die Waschschüssel war in Scherben, Decke und Kissen waren aus dem Bett gezogen, und die Federn flogen umher. In der Küche lag das Geschirr auf der Erde. Die Schranktüren standen offen, und die Spielsachen ihrer Kleinen lagen zertrampelt in der Stube.
Da wusste die Geiß, was geschehen war, aber dennoch hatte sie ein wenig Hoffnung und begann zu suchen, ob nicht wenigstens ein paar ihrer Kinder noch am Leben wären. Aber so sehr sie sich auch umsah, sie konnte nichts entdecken. Da rief sie nacheinander die Namen ihrer Geißlein, aber niemand wollte antworten.
Endlich, als sie das jüngste Geißlein rief, hörte sie eine leise Stimme: „Liebe Mutter, ich stecke im Uhrenkasten und fürchte mich sehr." Da lief sie geschwind zur alten Uhr und holte ihr geliebtes Kind heraus. Unter Weinen und Schluchzen erzählte das Geißlein, wie der Wolf gekommen sei, die Stimme sei rau gewesen und sie hätten ihn nicht eingelassen.
Das zweite Mal habe er eine zarte Stimme gehabt, aber am schwarzen Fuß hätten sie ihn erkannt und die Türe nicht geöffnet. Aber das dritte Mal, da habe er eine feine Stimme gehabt, und auch die Pfote sei ganz weiß gewesen, und da hatten sie alle gedacht, es sei die Mutter.

Da weinte das Geißlein ganz laut und fuhr fort: „Ja, und dann hat er all meine Geschwister verschlungen.“ Nun flossen auch die Tränen der Mutter, und sie ging in ihrem Jammer hinaus, und das jüngste Geißlein lief mit.
Als sie auf die Wiese kamen, lag der Wolf vor ihnen unter einem Baum und schnarchte, dass die Äste zitterten. Die Mutter Geiß betrachtete ihn von allen Seiten und sah mit einem Male, dass im Innern seines angefüllten Bauches sich etwas regte und zappelte.
„Ach“, dachte sie, „sollte vielleicht noch eines meiner Kinder, die er hinuntergewürgt hat, am Leben sein“, und sie sprach zu ihrem Jüngsten: „Lauf schnell nach Hause und hole die größte Schere, die du finden kannst, dazu Nadel und Zwirn; ich glaube, es lebt noch jemand im dicken Bauch des Wolfes!“
Dann schnitt sie dem Ungetüm den Bauch auf, und kaum hatte sie einen Schnitt getan, streckte schon ein Geißlein den Kopf heraus, und als sie weiter schnitt, sprangen nacheinander alle sechs heraus und keines hatte Schaden genommen, denn der Wolf hatte sie in seiner Gier ganz hinuntergeschluckt.

Das war eine Freude! Die Mutter aber sagte: „Jetzt geht und sucht Wackersteine, damit wollen wir dem Bösewicht den Bauch füllen, solange er noch im Schlafe liegt.“ Da schleppten die sieben Geißlein in aller Eile die Steine herbei und steckten ihm in den Bauch, so viele sie hineinbringen konnten. Dann nähte ihn die Geiß ganz schnell wieder zu, sodass der Wolf gar nichts bemerkte.
Als er endlich ausgeschlafen hatte, stellte er sich auf die Beine, und weil ihm die Steine im Magen so großen Durst verursachten, wollte er zum Brunnen gehen und trinken. Als er aber anfing sich zu bewegen, da stießen die Steine in seinem Bauch gegeneinander und rappelten. Da rief er: „Was rumpelt und pumpelt in meinem Bauch herum? Ich meinte, es wären sechs Geißlein, aber es sind lauter Wackersteine!“
Als er an den Brunnen kam, sich über das Wasser bückte und trinken wollte, da zogen ihn die Steine hinein, und er musste jämmerlich ertrinken. Als die sieben Geißlein das sahen, kamen sie herbeigelaufen und riefen laut: „Der Wolf ist tot! Der Wolf ist tot!“, und tanzten mit ihrer Mutter vor Freude um den Brunnen herum.

Aschenputtel

Einem reichen Mann wurde die Frau krank, und als sie fühlte, dass ihr Ende herankam, rief sie ihr einziges Töchterlein zu sich ans Bett und sprach: „Liebes Kind, bleibe fromm und gut."
Kurze Zeit später starb sie. Als der Winter kam, deckte der Schnee ein weißes Tüchlein auf das Grab, und als die Sonne im Frühjahr es wieder herabgezogen hatte, heiratete der Mann eine andere Frau.
Die neue Gemahlin hatte zwei Töchter mit ins Haus gebracht, die zwar schön anzusehen, aber garstig im Herzen waren. Da fing eine schlimme Zeit für das Mädchen an. „Soll die dumme Gans etwa bei uns in der Stube sitzen", keiften die bösen Schwestern, „wer Brot essen will, muss es verdienen: Hinaus mit der Küchenmagd!" Sie nahmen dem Kind die schönen Kleider weg und gaben ihm einen grauen Kittel. Abends, wenn es sich müde gearbeitet hatte, durfte es nicht ins Bett, sondern musste sich neben den Herd in die Asche legen. Und weil es deshalb immer staubig und schmutzig aussah, nannten sie es „Aschenputtel".
Einmal hatte der Vater in der Stadt Geschäfte zu erledigen, da fragte er die beiden Stieftöchter, was er ihnen mitbringen solle. „Schöne Kleider", sagte die eine, „Perlen und Edelsteine", die zweite. – „Aber du, Aschenputtel", sprach er, „was willst du haben?"

„Der erste Zweig, der Euch auf Eurem Heimweg an den Hut stößt, den brecht für mich ab!", sagte Aschenputtel. Er kaufte nun den beiden Stieftöchtern, was sie sich gewünscht hatten, und Aschenputtel gab er ein Zweiglein von einem Haselbusch. Das Mädchen dankte ihm, ging zum Grab seiner Mutter und pflanzte den Zweig dort ein.
In dieser Zeit ließ der König ein großes Fest veranstalten, das drei Tage dauern sollte. Alle schönen jungen Frauen im Lande wurden eingeladen, denn der Prinz sollte sich eine Braut aussuchen. Als die zwei Stiefschwestern hörten, dass auch sie dabei erscheinen sollten, waren sie guter Dinge, riefen Aschenputtel und sprachen: „Kämm' uns die Haare und bürste uns die Schuhe, wir gehen zum Ball auf das Königsschloss." Aschenputtel gehorchte, weinte aber, weil es auch gerne zum Tanze gegangen wäre, deshalb bat es die Stiefmutter um Erlaubnis. – „Du, Aschenputtel? Du bist voll Staub und Schmutz und willst zum Fest! Du hast keine Kleider und Schuhe und willst tanzen?" Als das Mädchen aber nicht aufhörte zu bitten, sprach sie endlich: „Da habe ich dir eine Schüssel Linsen in die Asche geschüttet, wenn du die Linsen in zwei Stunden wieder ausgelesen hast, darfst du mitgehen!"

Das Mädchen ging durch die Hintertür in den Garten und rief: „Ihr zahmen Täubchen und all ihr anderen Vöglein unter dem Himmel, kommt und helft mir – die guten ins Töpfchen, die schlechten ins Kröpfchen!" Da kamen sie alle zum Küchenfenster herein, sodass es schwirrte und schwärmte. Sie ließen sich um die Asche nieder und fingen an: „Pick, pick, pick", und sie lasen alle guten Körnlein in die Schüssel. Kaum war eine Stunde herum, waren sie schon fertig und flogen alle wieder hinaus. Da brachte das Mädchen die Schüssel der Stiefmutter, freute sich und glaubte, es dürfe nun mit auf das Schloss gehen.

Aber die Frau sagte: „Nein, Aschenputtel, du hast keine Kleider und kannst nicht tanzen, du wirst nur ausgelacht." Als das Mädchen anfing zu weinen, sprach sie: „Wenn du zwei Schüsseln voll Linsen in einer Stunde auslesen kannst, darfst du mitgehen."

Da ging das Mädchen abermals durch die Hintertür in den Garten und rief wieder die Täubchen. Die kamen herein, ließen sich um die Asche nieder, und nach einer halben Stunde waren sie schon fertig und flogen alle wieder hinaus. Da trug das Mädchen die Schüsseln zur Stiefmutter, freute sich und glaubte, nun dürfe es mit auf das Fest. Aber diese sprach: „Es hilft dir alles nichts, du kommst nicht mit, denn du hast keine Kleider und kannst nicht tanzen, wir müssten uns ja schämen mit dir." Daraufhin kehrte sie dem Kind den Rücken und eilte mit ihren zwei Töchtern zum Ball. Als nun niemand mehr daheim war, ging Aschenputtel zum Grab seiner Mutter unter dem Haselbaum und rief: „Bäumchen rüttel dich und schüttel dich, wirf Gold und Silber über mich!"

Da warf ihm ein Vögelchen ein goldenes Kleid herunter und Schuhe, die mit Seide und Silber ausgestickt waren. Das Mädchen zog das Kleid an und ging aufs Schloss. Seine Schwestern und die Stiefmutter erkannten es nicht und meinten, es müsste eine fremde Königstochter sein, so schön sah es in dem goldenen Kleid aus. Der Königssohn aber kam ihm entgegen,

nahm es bei der Hand und tanzte nur mit ihm. Er ließ Aschenputtels Hand nicht los, und wenn ein anderer kam, um das schöne Mädchen aufzufordern, sprach er: „Das ist meine Tänzerin!"
Aschenputtel tanzte bis tief in die Nacht, dann wollte es nach Hause. Der Königssohn aber sprach: „Ich gehe mit und begleite dich", denn er wollte sehen, woher das schöne Mädchen gekommen war. Aschenputtel jedoch entwischte ihm und sprang so schnell es konnte nach Hause. Und als die Stiefmutter mit ihren bösen Töchtern heimkam, lag Aschenputtel schon wieder in ihrem schmutzigen Kittelchen am Herd und schlief.
Am anderen Tag, als das Fest von Neuem begann und die Eltern mit den Stiefschwestern wieder fort waren, ging Aschenputtel abermals zu dem Haselbaum und sprach: „Bäumchen, rüttel dich und schüttel dich, wirf Gold und Silber über mich!"
Da warf der Vogel ein noch viel prächtigeres Kleid herab als am vorigen Tag. Und wie das Mädchen mit diesem Kleid auf dem Fest erschien, erstaunte jedermann über so viel Schönheit. Der Königssohn aber hatte gewartet, bis Aschenputtel kam, nahm es gleich bei der Hand und tanzte den ganzen Abend nur mit ihm allein. Wenn die anderen kamen und es um einen Tanz baten, so sprach er: „Das ist meine Tänzerin!"

Aber als das Fest dem Ende zuging, da entwischte das Mädchen ihm abermals, und als die Stiefmutter und ihre Töchter in die Küche kamen, lag Aschenputtel schon wieder in der Asche vor dem Herd wie sonst auch, denn es hatte dem Vogel auf dem Haselbäumchen die schönen Kleider wieder gebracht und sein graues Kittelchen angezogen.

Am dritten Tag, als die Eltern und die Stiefschwestern längst fort waren, ging Aschenputtel wieder zum Grab seiner Mutter und sprach zu dem Bäumchen: „Bäumchen, rüttel dich und schüttel dich, wirf Gold und Silber über mich."

Nun warf ihm der Vogel ein Kleid herab, das war so prächtig und glänzend wie es noch keines gehabt hatte, und die Schuhe waren ganz golden. Als es in diesem Kleid bei dem Fest erschien, konnte vor Verwunderung keiner ein Wort sagen. Der Königssohn aber tanzte wieder nur mit dem schönen Mädchen, und wenn es einer aufforderte, so sprach er: „Das ist meine Tänzerin!"

Als es Nacht wurde, wollte Aschenputtel fort. Der Königssohn wollte es begleiten, es entsprang aber wieder so geschwind, dass er nicht folgen konnte. Doch der Prinz hatte sich diesmal eine List überlegt. Er hatte die Stufen der Schlosstreppe mit Teer bestreichen lassen, damit die schöne Unbekannte nicht wieder verschwand. So blieb Aschenputtel mit einem Fuß kleben und ließ den rechten, goldenen Schuh zurück. Der Königssohn hob ihn auf. Er war klein und zierlich und ganz golden. „Keine andere soll meine Frau werden als die, an deren Fuß dieser Schuh passt!", verkündete der Prinz. Alle jungen Frauen probierten den Schuh an, aber keiner von ihnen passte er. Schließlich kam der Prinz zum Haus von Aschenputtel. Da freuten sich die beiden Schwestern, denn sie hatten schöne, kleine Füße. Die Ältere ging mit dem Schuh in die Kammer und wollte ihn anprobieren, und die Mutter stand dabei. Aber sie konnte mit dem großen Zeh nicht hineinkommen, der Schuh war ihr zu klein, da reichte ihr die Mutter ein Messer und sprach: „Schneid' den großen Zeh ab, wenn du erst Königin bist, brauchst du nicht mehr zu Fuß zu gehen."

Die Tochter gehorchte, biss die Zähne zusammen und ging zum Prinzen. Der hob sie als seine Braut auf sein Pferd und ritt mit ihr davon.

Sie mussten aber an dem Grabe vorbei, da saßen zwei Täubchen auf dem Haselbäumchen und riefen: „Rucke di guh, rucke di guh, Blut ist im Schuh. Der Schuh ist zu klein, die rechte Braut sitzt noch daheim!"

Da blickte der Prinz auf den Schuh und sah, wie das Blut herausquoll. Er wendete sein Pferd, brachte die falsche Braut wieder nach Hause und sagte, das wäre nicht die rechte, die andere Schwester solle den Schuh anziehen. Da ging diese in die Kammer und kam mit den Zehen glücklich in den Schuh, aber die Ferse war zu groß. Da reichte ihr die Mutter ein Messer und sprach: „Schneid' ein Stück von der Ferse ab, wenn du Königin bist, brauchst du nicht mehr zu Fuß zu gehen!" Aber wieder verrieten die Täubchen den Betrug.

Da wendete der Prinz abermals sein Pferd und brachte die falsche Braut wieder nach Haus. „Das ist auch nicht die rechte", meinte er. „Ich habe nur noch ein kleines Aschenputtel", sagte die Stiefmutter. Das Mädchen kam, verneigte sich vor dem Königssohn, dann setzte es sich auf einen Schemel, zog den Schuh an, und er passte wie angegossen. Da rief der Königssohn: „Das ist die rechte Braut!" Die Hochzeit wurde prächtig gefeiert und sie lebten glücklich bis an ihr Lebensende.

Der Froschkönig

In alten Zeiten – es ist schon so lange her, dass es niemand mehr ganz genau weiß – da lebte einmal ein König. Er war gut und weise und deshalb bei seinem Volke hoch geehrt und sehr beliebt. Seine Töchter waren alle recht hübsch anzusehen, aber die Jüngste war so zierlich und schön, dass sich selbst die gute Sonne, die doch schon sehr vieles erblickt hat, wunderte, sooft sie dem Mädchen ins Gesicht schien.

Nahe bei dem prächtigen Schloss des Königs befand sich ein großer dunkler Wald, und dort, ganz versteckt unter einer uralten Linde, konnte man einen Brunnen finden. Hier hielt sich die jüngste Königstochter gerne auf. Es war sehr einsam und schattig an dem Ort. Wenn nun der Tag recht heiß war, ging das Mädchen hinaus in den Wald und setzte sich an den Rand des kühlen Brunnens. Es träumte so vor sich hin und war von Herzen zufrieden.

Die Prinzessin lauschte dem Gesang der Vögel und betrachtete die Blätter der Bäume, die sich im Wind bewegten. Sie konnte stundenlang so sitzen, niemals bekam sie Furcht, denn sie wusste ja, dass das Schloss ihres Vaters nicht weit entfernt war. Nur der Brunnen kam ihr zuweilen etwas unheimlich vor, denn das Wasser war ganz still und tiefschwarz, und man konnte nicht auf den Grund sehen, wenn man sich auch noch so sehr anstrengte. Manchmal dachte die Königstochter darüber nach, was es wohl mit dem Brunnen auf sich hatte. Dann nahm die Prinzessin ihre goldene Kugel, warf sie hoch bis in die Zweige der alten Linde hinauf, fing die Kugel wieder und warf sie abermals. Das konnte sie einen ganzen Nachmittag tun, denn es war ihr Lieblingsspiel, und nichts auf der Welt war ihr so kostbar wie diese goldene Kugel.

Nun geschah es aber eines Tages, dass die Kugel nicht in die aufgehaltene Hand der Prinzessin fiel, sondern auf die Erde schlug, noch einmal hochsprang und über den Brunnenrand ins Wasser rollte. Das Mädchen war zu Tode erschrocken. Ganz blass geworden blickte es der Kugel nach, sah, wie sie allmählich versank und schließlich ganz verschwunden war. Der Brunnen musste unendlich tief sein, so tief, dass man niemals bis auf den Grund sehen konnte. Bei dem Gedanken fing die Prinzessin an zu weinen, sie schluchzte bitterlich und wollte gar nicht mehr aufhören, denn die Kugel war ja ihr liebstes Spielzeug gewesen. Und wie sie so klagte, da hatten alle Tiere des Waldes Mitleid mit dem Königskind. Plötzlich rief jemand: „Was fehlt dir, Prinzessin, du jammerst so laut, dass man es überall hin hören kann?“

Das Mädchen sah sich um, denn es war ein wenig erschrocken und wollte wissen, woher die Stimme kam. Da erblickte es einen Frosch, der seinen dicken, hässlichen Kopf neugierig aus dem Wasser streckte.
Da wurde es der Prinzessin unheimlich zumute, noch nie hatte sie ein lebendes Wesen in dem schwarzen Wasser des Brunnens erblickt.
„Ach, du bist es, alter Wasserpatscher", schluchzte sie. „Ich weine, weil mir meine goldene Kugel ins Wasser gefallen ist!"
„Sei still und klage nicht", meinte der Frosch, „ich kann dir wohl helfen, aber was gibst du mir dafür, wenn ich dir die geliebte Kugel heraufhole?" – „Alles, was du haben willst, lieber Frosch", sagte das Mädchen. „Meine Perlen und Edelsteine, meine Krone, die kostbaren Kleider, viele Goldstücke, Diamanten und Rubine oder was immer du haben möchtest!"
Der Frosch antwortete: „Am Reichtum liegt mir nichts, der Brunnen hier birgt herrliche Schätze, wie sie noch kein Auge erblickt hat. Ich will das alles nicht, nein, ich wünsche mir etwas ganz anderes, und wenn du mir versprichst, meine Bitte zu erfüllen, dann hole ich die Kugel aus dem tiefsten aller Brunnen!"
„Was willst du, sprich!", erwiderte die Königstochter. – „Ich möchte, dass du mich von Herzen lieb hast, dein Spielgefährte will ich sein, am Tisch von deinem Teller essen und nachts neben dir schlafen!", sagte der Frosch.

Die Königstochter versprach es ihm, denn sie dachte bei sich: „Was der dumme Frosch für Unsinn redet. Er sitzt im Wasser, zusammen mit anderen Fröschen, und kann doch niemals der Spielgefährte eines Menschen sein."
Der Frosch tauchte, gleich nachdem er das Versprechen erhalten hatte, hinunter bis auf den Grund des Brunnens. Nach einiger Zeit kam er wieder herauf, hatte die Kugel im Maul und warf sie vor der Prinzessin ins Gras. Die Königstochter nahm ihr Spielzeug hocherfreut in beide Hände und sprang sogleich davon. Sie kümmerte sich nicht weiter um den Frosch. Nicht einmal bedankt hatte sie sich.

„Warte, warte doch auf mich", rief der Frosch, „ich kann nicht so schnell laufen wie du!" Aber was half es ihm, dass er der Prinzessin sein „Quak-Quak" so laut nachrief, sie hörte nicht darauf, eilte ins Schloss und hatte den Armen bald vergessen.
Am nächsten Tag, als die Königstochter zusammen mit ihrem Vater, dem König, am festlich gedeckten Tisch saß, da kam – „plitsch, platsch, plitsch, platsch" – etwas die Marmortreppe zum Schloss heraufgekrochen, und als es oben angelangt war, da klopfte es an die Tür und rief: „Königstochter, jüngste, mach mir auf!"

Das Mädchen lief, denn es wollte sehen, wer es war. Es hatte wieder dasselbe unheimliche Gefühl, wie am Tage vorher am Brunnen. Als die Prinzessin aber öffnete und den Frosch sah, da schlug sie die Tür voll Entsetzen wieder zu. Dann setzte sie sich, ohne ein Wort zu sagen, an den Tisch. Der König sah wohl, dass ihr das Herz ganz gewaltig klopfte, und deshalb fragte er sie: „Mein Kind, was fürchtest du dich, steht etwa ein Riese vor der Tür und will dich holen?"
„Ach nein", antwortete sie, „es ist nur ein dummer Frosch!" – „Was will er von dir, warum kommt er?", forschte der König weiter. „Gestern, als ich im Wald war und beim Brunnen saß", begann die Königstochter zu erzählen, „da fiel mir meine goldene Kugel ins Wasser. Und weil ich so weinte, hat sie dieser Frosch wieder aus dem Wasser geholt. Ich musste ihm aber dafür versprechen, dass er mein Spielgefährte würde. Ich dachte jedoch nicht daran, dass er tatsächlich aus dem Wasser käme, und ich will ihn auch nicht wiedersehen. Er ist so nass und hässlich, ich fürchte mich vor ihm."
Da klopfte es zum zweiten Mal. Die Prinzessin wurde blass. Aber der König sprach: „Geh, mein Kind, öffne ihm. Was man versprochen hat, das muss man halten!"
Sie ging und ließ den Frosch herein, er folgte ihr auf dem Fuße, bis zum Tisch. Da saß er und rief: „Heb' mich auf zu dir!" Sie zögerte, aber der König befahl es. Als der Frosch auf dem Stuhl war, wollte er auf den Tisch, und als er da saß, sprach er: „Nun schieb dein goldenes Tellerlein näher, damit wir zusammen essen!" Die Prinzessin tat zwar, was er verlangte, aber man konnte es gut sehen, dass es ihr keine Freude machte. Der Frosch ließ es sich gut schmecken, aber ihr blieb jeder Bissen im Hals stecken.

Endlich sprach er: „Ich habe mich satt gegessen, aber ich werde müde, nun trag mich in dein Schlafgemach und mach mir dein seidenes Bettchen zurecht, da wollen wir uns schlafen legen!"

Die Königstochter fing an zu weinen, sie fürchtete sich vor dem kalten Frosch, den sie nicht anfassen wollte und der jetzt auch noch in ihrem Himmelbett schlafen sollte. Der König aber wurde zornig und rief: „Wer dir geholfen hat, als du in Not warst, den sollst du später nicht verachten." Da packte die Prinzessin den Frosch mit zwei Fingern, trug ihn hinauf und setzte ihn in eine Ecke.

Dann wollte sie das Zimmer verlassen, denn es war ihr unangenehm, mit dem Frosch in einem Bett zu schlafen. Aber sie hatte nicht genau auf ihn geachtet. Er entwischte durch den Türspalt und lief ihr nach.

Sie eilte in ihrer Angst durch das ganze Schloss. Der Frosch folgte ihr durch die langen Gänge, und wenn sie glaubte, sie sei ihm entkommen, dann tauchte er wieder auf. Verwundert blickten Wachen und Diener auf den Frosch, manche lachten sogar, denn es sah sehr drollig aus, wie der dicke Frosch durch die langen Gänge hüpfte. Nur der Prinzessin war keineswegs nach Lachen zumute, sie hätte am liebsten laut geweint.

Sie stieg auf den höchsten Turm des Schlosses, dort wollte sie den Frosch hinunterwerfen, um ihn los zu sein. Aber er entwischte ihr und sprach: „Prinzessin, warum bist du so hässlich zu mir, ich habe dich doch lieb, komm lass uns schlafen gehen!" – Da rief sie: „Schweig!"

Und mit langsamen Schritten schlug sie die Richtung nach ihrem Schlafzimmer ein. Sie wollte sich in ihr Schicksal fügen, denn sie sah, dass es keinen Ausweg gab. Plötzlich kam ihr ein Gedanke, sie rief nach ihrem Hündchen, da sie hoffte, der Frosch würde Angst bekommen und davonhüpfen. Das Tierchen kam, die Prinzessin drückte es an sich und schlüpfte in ihr prächtiges Himmelbett.

Der Frosch war ihr wieder bis zum Bettrand gefolgt, er blickte mit großen Augen zu der Prinzessin auf, die ließ das Hündchen los, aber der Frosch hatte keine Angst, er rührte sich nicht von der Stelle. Der kleine Hund der Prinzessin wollte ihm auch gar nichts tun, er setzte sich auf sein schönes Seidenkissen und beobachtete in aller Ruhe, was nun kommen würde. Der Frosch versuchte jetzt, an der seidenen Bettdecke hochzukriechen, was ihm aber nicht gelingen wollte. Die Prinzessin hatte entsetzliche Angst. Aber auf einmal entdeckte sie etwas.

Es war ihr noch gar nicht aufgefallen, dass der Frosch ein goldenes Krönlein trug. Nun sagte der Frosch: „Prinzessin, ich habe jetzt genug, ich will, dass du mich in dein Bettchen nimmst!“ Da wurde die Prinzessin so wütend, dass sie den Frosch packte und an die Wand warf. Dazu rief sie: „So, du garstiger Frosch, jetzt wirst du Ruhe haben!“ Als der Frosch aber wohlbehalten auf der Erde landete, ergriff sie ihn abermals und warf ihn an die Mauer. Das dritte Mal jedoch schleuderte sie ihn gegen einen Spiegel, und da war der Frosch auf einmal verschwunden.

Die Königstochter sah sich erstaunt im Zimmer um, denn sie konnte es einfach nicht begreifen. Da erblickte sie einen wunderschönen Prinzen, der sie freundlich anlächelte. Sie erschrak zunächst ein wenig, aber der Königssohn machte eine artige Verbeugung und sprach: „Fürchte dich nicht, Prinzessin, ich tu dir nichts. Wenn du erlaubst, werde ich dir meine Geschichte erzählen." – Die Königstochter nickte, und der Prinz ergriff ihre Hand, setzte sich auf den Rand des Bettes und begann zu erzählen: „Der Frosch, den du so abscheulich fandest, liebe Prinzessin, der war ich. Eine böse Hexe hatte mich in diese Gestalt verzaubert und nur du konntest mich erlösen." Die Königstochter lauschte begierig und fragte: „Warum hat dich die Hexe denn verzaubert?" – „Ich sollte ihre Tochter, eine böse, hässliche Prinzessin heiraten, aber ich wollte nicht, da wurde ich verzaubert und die Alte sprach: ‚Du wolltest meine Tochter, die hässlichste Prinzessin der Welt nicht haben, so bleib ein hässlicher Frosch, bis dich die schönste Prinzessin der Welt erlöst!'"

Da lächelte die Königstochter und sagte: „Wie bin ich froh, dass mich mein Vater gezwungen hat, mein Versprechen zu halten, sonst wärst du, mein Prinz, wohl immer ein nasser, kalter Frosch geblieben." Da, auf einmal öffnete sich die Tür, der König blickte herein, er wollte doch sehen, wie es seinem Kinde erging.
Wie staunte er, als er den Königssohn sah, der sogleich aufsprang und sich vor dem König tief verneigte. Die Prinzessin erzählte ihrem Vater, wie alles gekommen war, und am anderen Morgen – niemand wusste eigentlich so recht, wie es geschehen war – da stand es fest, dass der Prinz die Prinzessin heiraten werde. Alle waren damit einverstanden und von ganzem Herzen zufrieden. Und als sie zum Fenster hinaussahen, stand dort ein Wagen, mit acht weißen Pferden bespannt, mit dem fuhren der Prinz und die Prinzessin in das schöne, ferne Reich des Froschkönigs.
Dort lebten sie glücklich zusammen, bis ans Ende ihrer Tage.

Der gestiefelte Kater

Es war vor vielen, vielen Jahren einmal ein Müller, der hatte drei Söhne. Seine Mühle stand auf einem kleinen Hügel und ringsum waren goldene Kornfelder. Tag für Tag strich der Wind an der Mühle vorbei und sorgte dafür, dass sich die Mühlsteine immer drehten.
Lange Jahre lebte der alte Müller mit seinen drei Söhnen glücklich und zufrieden, und es ging ihnen gut. Sie hatten zu essen und zu trinken und waren gesund; was wollten sie mehr?

Eines Tages aber wurde der alte Müller sehr krank. Als er fühlte, dass er sterben werde, rief er seine Söhne zu sich ans Krankenlager und sprach zu ihnen: „Hört zu, meine Kinder, was euer Vater euch sagen will: Ich bin jetzt schon sehr alt und weiß seit ein paar Tagen, dass ich bald von euch gehen muss. Ihr seid alle drei sehr tüchtig, und ich habe in den vergangenen Jahren gesehen, dass ihr auch ohne mich gut auskommen könnt. Deshalb fällt mir das Sterben nicht schwer. Viel ist es nicht, was ich euch hinterlasse. Es sind nur drei Dinge, die ich in eure Hände geben kann. Da aber keins von ihnen geteilt werden kann, muss jeder von euch mit dem zufrieden sein, was ich für ihn bestimme."

Er gab dem ältesten Sohne die Mühle, dem zweiten den Esel und dem dritten einen grauen Kater. Dann starb der alte Müller.
Die beiden ältesten Söhne waren mit ihrem Erbteil zufrieden, aber der jüngste wusste nicht recht, was er mit seinem Kater anfangen sollte. „Meine Brüder können lachen", sagte er endlich, „mit ihnen hat's keine Not. Aber was soll ich armer Teufel machen? Soll ich dich schlachten, du grauer Mäusejäger, und mir aus deinem Fell eine Mütze machen lassen?"
„Lieber Herr", sagte der Kater, „grämt Euch nicht. Ich werde Rat schaffen. Lasst mir ein paar Stiefel, einen Mantel, eine Jagdtasche und eine Mütze anfertigen, dann will ich Euch reich und glücklich machen."
„Ich weiß, du bist ein Schlauberger", sagte lächelnd der arme Müllerssohn, „deiner List ist so manche Maus und so manche Ratte zum Opfer gefallen. Ich will dir trauen und deine Wünsche erfüllen. Vielleicht ist's zu meinem Glück."

Der Müllerssohn kratzte seine letzten Heller zusammen und ging mit dem Kater zu einem Schneider. Den bat er, er möge doch so freundlich sein und seinem Freund einen schönen Mantel nähen. Der Schneider war einverstanden, staunte aber sehr, als ihm der Müllerssohn seinen Freund vorstellte. Für einen Kater hatte er noch nie in seinem Leben etwas geschneidert. Aber sein seltsamer Kunde wollte mit blanken Münzen bezahlen, und so machte er sich denn mit einem tiefen Seufzer an die Arbeit. „Ihr könnt so lange warten", sagte er zum Müllerssohn, „denn mit einem solch kleinen Mantel bin ich gleich fertig."
Mit dem Mantel und einer Mütze unter dem Arm begaben sich der Müllerssohn und der Kater zum Schuster. Bei dem erging es ihnen ähnlich wie beim Schneider. Auch er staunte, machte sich aber dann doch ans Werk.
Sobald der Kater die langen, schwarzen Stiefel angezogen, seine neue Mütze aufgesetzt und seinen roten Mantel umgebunden hatte, ging

er zu seinem Herrn. Dieser saß noch immer auf seinem Stein und blickte traurig vor sich hin. Der Kater stieß ihn mit der Pfote an und sprach: „Nun, Herr, wie gefalle ich Euch? Stehen mir meine Kleider nicht gut?"

Der Müllerssohn blickte auf und musste lächeln: „Du sieht fast aus wie ein Graf, aber wie willst du mich mit dieser Verkleidung reich und glücklich machen?"

„Wartet nur ab", sagte der gestiefelte Kater, „und Ihr werdet schon sehen, dass ich mein Wort halten werde. Doch bevor ich gehe, brauche ich noch einen Sack."

„Den kannst du dir in der Mühle holen", sagte der Müllerssohn, „dort liegen noch viele alte Säcke herum, die mein Bruder nicht mehr brauchen kann."

Nun machte sich der Kater auf den Weg zu der nahen Waldwiese. „Hier stelle ich meine Netze auf", sagte er, „um einen Fang zu tun!" Er nahm seinen Sack vom Rücken, tat eine Handvoll Körner hinein, spannte die Öffnung mit einer Weidenrute auseinander und stellte so den Sack auf. Dann versteckte er sich hinter einem dicken Baum und hielt den Atem an. Es dauerte nicht lange, da hüpften drei Rebhühner heran, sahen die goldgelben Körner und schlüpften in den Sack.

Blitzschnell sprang der Kater auf, tötete die gefangenen Rebhühner, schnürte den Sack zu und schwang ihn über die Schulter.

Mit der Beute ging er in das Schloss und bat darum, beim König vorgelassen zu werden, da er einen Leckerbissen für seine Tafel bringe. Der König empfing ihn huldvoll. Er war zwar gerade dabei, einen wichtigen Brief zu schreiben, aber für einen so seltsamen Besucher wollte er sich gerne ein paar Minuten freimachen.

Der gestiefelte Kater trat vor den Tisch des Königs, machte eine tiefe Verbeugung, wobei er seinen neuen Hut fast bis auf den Boden schwang, und sprach: „Großer König, mein Herr, der Graf von Carabas, hat mir befohlen, Eurer Majestät einige der besten Stücke aus seinem herrlichen Wildpark zu überreichen."

Mit diesen Worten machte er den Sack auf und nahm die drei Rebhühner heraus. Der König war sehr erfreut über diese

Bereicherung seines Speisezettels und gab sofort einem Diener den Befehl, das köstliche Geschenk des Grafen von Carabas in die Küche zu bringen. Darauf ordnete er an, dass der Kater in der Schatzkammer des Schlosses so viel Gold mitnehmen dürfe, wie er in seinem Sack davontragen könne. Dann wandte der König sich wieder seinem Besucher zu und sprach: „Sage deinem Herrn, dass ich mich über die seltene Gabe sehr freue und ihm huldvollst danken lasse!" Darauf verbeugte sich der Kater und ließ sich von zwei Dienern zur Schatzkammer führen.

Mit dem prall gefüllten Goldsack machte er sich auf den Heimweg.

Dem Müllerssohn fielen fast die Augen aus dem Kopf, als der Kater die Goldstücke vor ihm ausschüttete. Er wollte fragen, wo er das viele Geld herhabe, aber die Worte blieben ihm vor Staunen im Halse stecken.

Am nächsten Tag überbrachte der Kater dem König drei fette Hasen. Er kam nun in ähnlichen Angelegenheiten sehr häufig an den Hof des Königs und erfuhr eines Tages, dass der König mit seiner schönen Tochter eine Spazierfahrt unternehmen wolle. Da machte er

sich einen Plan. Er eilte zu seinem Herrn und sprach: „Wenn Ihr Euch heute an der Stelle badet, die ich Euch zeigen werde, dann ist Euer Glück gemacht!"
„Baden?", fragte der Müllerssohn erstaunt, „du bist wohl nicht bei Sinnen?"
„Denkt und redet nicht, sondern folgt mir!", schnurrte der Kater. „Glaubt mir, es wird Euer Glück sein!"
Als der Müller badete, kam der König mit seiner Tochter in einem prächtigen Wagen, dem zwei Pferde mit goldenem Geschirr vorgespannt waren, vorbeigefahren. Da schrie der Kater aus vollem Halse: „Helft! Helft! Graf von Carabas ertrinkt!" Und auch der Müllerssohn im Wasser rief laut um Hilfe. Er streckte seine Arme aus dem Wasser und man konnte meinen, er sei dem Ertrinken nahe. Als der König die Hilferufe hörte, ließ er halten und steckte den Kopf zum Wagenfenster hinaus.
„Graf von Carabas?", fragte er erschrocken. „Ist das nicht derselbe, der mir wiederholt so köstliches Wildbret in meine Küche geliefert hat? – Lauft, was ihr könnt, den Edlen zu retten!" Während die Diener des Königs dem Grafen zu Hilfe eilten, näherte sich der

schlaue Kater dem königlichen Wagen, zog seinen Hut, verneigte sich ehrfurchtsvoll und sprach: „Ach, gnädiger Herr König, meinem edlen Herrn ist noch ein anderes Unglück widerfahren. Während er badete, erschienen Diebe und stahlen ihm seine kostbaren Kleider, die am Ufer hinter dem Schilf lagen."
Der König, der noch nicht allzu weit von seinem Schloss entfernt war, befahl einem seiner Diener, ein Pferd auszuspannen, auf ihm nach dem Schlosse zurückzureiten und dem Grafen die prächtigsten Kleider aus seiner Schatzkammer zu holen.
Der Diener ritt los und war bald hinter einer dichten Staubwolke verschwunden.
Kurze Zeit später zügelte er sein schnaubendes Ross vor dem König, und bald darauf war Graf von Carabas in Samt und Seide gekleidet. Die Kleider des Königs saßen wie angegossen, und da er groß und schlank war, fand die Königstochter Wohlgefallen an ihm. Sie bat ihren Vater, den Grafen zur Mitfahrt einzuladen, worauf ihn der König freundlich einlud, im Wagen Platz zu nehmen und die Spazierfahrt mitzumachen.

Der Müller dankte höflich für diese große Ehre, stieg in den Wagen und setzte sich neben die Prinzessin.
Der Kater aber, der es bescheiden ablehnte, neben dem Kutscher vorne zu sitzen, rieb sich vergnügt die Pfoten und lief dem Wagen voraus, um seinen so pfiffig ausgeheckten Plan durchzuführen.
Bald sah er einige Bauern, die eifrig damit beschäftigt waren, eine große Wiese abzumähen. „Wem gehört die Wiese?“, wollte der Kater von den Leuten wissen.
Diese antworteten: „Dem großen Zauberer.“
Darauf sagte der Kater: „Wenn der König hier vorbeifahren wird, dann sagt ihr: 'Die Wiese gehört dem edlen Grafen von Carabas!' Tut ihr das nicht, dann werdet ihr bestraft!“
Als nun der König herangefahren kam und fragte, wessen Eigentum die schöne Wiese sei, riefen die Bauern: „Sie gehört dem Grafen von Carabas!“
Inzwischen war der Kater schon vorausgelaufen und hatte auch an einem Getreidefeld eine Anzahl Leute getroffen.
„Hört“, schnurrte er die an, „fährt der König hier vorbei und fragt, wem dieses Feld gehört, dann sagt ihr: 'Dem edlen Grafen von Carabas!' Tut ihr das nicht, werdet ihr bestraft!“
Genauso machte es der Kater an einem Wald.
Die Leute bekamen es mit der Angst zu tun, zitterten wie Espenlaub, und als sie der König fragte, wem das Getreidefeld und der schöne Wald gehöre, antworteten sie einstimmig: „Dem edlen Grafen von Carabas!“

Der König nickte sehr zufrieden. Der Kater aber fühlte sich noch nicht am Ziele. Er stiefelte zu einem großen Schloss, von dem er wusste, dass es einem berühmten Zauberer gehörte. Als er vor dem Zauberer stand, schmeichelte er ihm und sprach: „Hochverehrter Herr! Alle Lande sind Eures Ruhmes voll. Ich freue mich, Euch von Angesicht zu Angesicht begegnen zu dürfen. Überglücklich würde ich mich schätzen, selber eine Probe Eurer Kunst sehen zu können. Ich habe gehört, Ihr könntet die Gestalt jedes beliebigen Tieres annehmen."
Der Zauberer war zuerst sehr erbost über den frechen Eindringling. Als er aber solche Worte hörte, fühlte er sich geschmeichelt und war stolz auf seinen Ruhm. Er nahm seinen Zauberstab, sprach eine Zauberformel, und sogleich stand er als grimmiger Löwe vor dem Kater. Entsetzt flüchtete dieser unter einen Schrank und rief von da aus: „Ausgezeichnet, aber ein kleines Tier, eine Henne oder eine Maus, könnt Ihr wohl nicht werden?"
„Oho", sagte der Zauberer, der sich wieder in seine menschliche Gestalt zurückverwandelt hatte, „das wäre gelacht", und schon begann er zusammenzuschrumpfen und immer kleiner zu werden. Nach ein paar Augenblicken trippelte er als Maus auf den Kater zu, der nicht zögerte, sie zu packen und sie mit Haut und Haaren zu verzehren.
Unterdessen kam der Wagen des Königs vor dem Schloss des Zauberers an. Der Kater stand schon vor der Tür und rief: „Willkommen in dem Schloss meines gnädigen Herrn, des Grafen von Carabas. Beliebt es Eurer Majestät, ein kleines Frühstück einzunehmen?"

Der König willigte ein, und bald saß man an der reich besetzten Tafel, die der Zauberer für seine Freunde hatte herrichten lassen. Der König staunte immer wieder aufs Neue über den Reichtum des Grafen, und am Ende des Mahles fragte er: „Herr Graf, möchtet Ihr mein Schwiegersohn werden und meine Tochter heiraten?"

Erfreut willigte der Graf ein, der König hob sein Glas, gratulierte dem glücklichen Paar, und so wurde noch am gleichen Tage die Hochzeit gefeiert. Nach vielen Jahren, als der alte König starb, erbte der Müller Krone und Reich. Der Kater aber wurde sein erster Ratgeber und fing nur noch zu seinem Vergnügen Ratten und Mäuse.

Frau Holle

Eine Witwe hatte zwei Töchter, davon war die eine schön und fleißig, die andere hässlich und faul. Sie hatte aber die hässliche und faule, weil sie ihre richtige Tochter war, viel lieber, und die andere, die Stieftochter, musste alle Arbeit tun und das Aschenputtel im Hause sein. Das arme Mädchen musste sich täglich auf die Straße an einen Brunnen setzen und musste so viel spinnen, dass ihm das Blut aus den Fingern tropfte. Nun trug es sich zu, dass die Spule einmal blutig war; da bückte sich das Mädchen in den Brunnen und wollte sie abwaschen. Plötzlich sprang die Spule ihm aus der Hand und fiel hinab.

Es weinte, lief zur Stiefmutter und erzählte ihr das Unglück. Sie schalt es aber so heftig und war so unbarmherzig, dass sie sprach: „Hast du die Spule hinunterfallen lassen, so hole sie auch wieder herauf." Da ging das Mädchen zu dem Brunnen zurück und wusste nicht, was es anfangen sollte. Und in seiner Herzensangst sprang es in den Brunnen hinein, um die Spule zu holen. Es verlor die Besinnung, und als es erwachte und wieder zu sich kam, war es auf einer schönen Wiese, wo die Sonne schien und viele tausend Blumen standen.
Auf dieser Wiese ging es fort und kam zu einem Backofen, der war voller Brot; das Brot aber rief: „Ach, zieh' mich raus, zieh' mich raus, sonst verbrenn' ich. Ich bin schon längst ausgebacken."
Da trat das Mädchen heran und holte mit dem Brotschieber alles nacheinander heraus. Danach ging es weiter und kam zu einem

Baum, der hing voller Äpfel und rief ihm zu: „Ach, schüttel mich, schüttel mich, wir Äpfel sind alle miteinander reif." Da schüttelte das Mädchen den Baum, dass die Äpfel fielen, als regneten sie, und schüttelte, bis keiner mehr oben war; und als es alle auf einen Haufen zusammengelegt hatte, ging es wieder weiter. Endlich kam es zu einem kleinen Haus, daraus schaute eine alte Frau; weil das Mädchen aber hier unten noch keinen Menschen getroffen hatte, bekam es Angst und wollte fortlaufen. Die alte Frau aber rief ihm nach: „Was fürchtest du dich, liebes Kind? Bleib bei mir; wenn du alle Arbeit im Hause ordentlich tun willst, soll dir's gut gehen. Du musst nur achtgeben, dass du mein Bett gut machst und es fleißig aufschüttelst, dass die Federn fliegen, dann schneit es in der Welt; ich bin die Frau Holle." Weil die Alte ihm so gut zusprach, fasste sich das Mädchen ein Herz,

willigte ein und begab sich in ihren Dienst. Es besorgte auch alles nach ihrer Zufriedenheit und schüttelte ihr das Bett immer gewaltig auf, dass die Federn wie Schneeflocken umherflogen; dafür hatte es auch ein gutes Leben bei ihr, kein böses Wort und alle Tage Gesottenes und Gebratenes. Nun war es eine Zeitlang bei der Frau Holle, da wurde es traurig und wusste anfangs selbst nicht, was ihm fehlte. Endlich merkte es, dass es Heimweh war. Obwohl es ihm hier tausendmal besser ging als zu Hause, so hatte es doch ein Verlangen dahin. Endlich sagte das Mädchen zur Frau Holle: „Ich habe Heimweh nach Haus gekriegt, und wenn es mir auch noch so gut hier unten geht, so kann ich doch nicht länger bleiben, ich muss wieder hinauf zu den Meinigen." Die Frau Holle sagte: „Es gefällt mir, dass

du wieder nach Haus verlangst, und weil du mir so treu gedient hast, will ich dich selbst wieder hinausbegleiten." Sie nahm es darauf bei der Hand und führte es vor ein Tor. Das Tor öffnete sich, und wie das Mädchen gerade darunter stand, fiel ein gewaltiger Goldregen, und alles Gold blieb an ihm hängen, sodass es über und über davon bedeckt war. „Das sollst du haben, weil du so fleißig gewesen bist", sprach Frau Holle und gab ihm auch die Spule wieder, die ihm in den Brunnen gefallen war. Daraufhin wurde das Tor verschlossen, und das Mädchen befand sich oben auf der Welt, nicht weit von seiner Mutter Haus. Als es nun in den Hof kam, saß der Hahn auf dem Brunnen und rief: „Kikeriki, da kommt die Goldmarie!"

Da ging es hinein zu seiner Mutter, und weil es so mit Gold bedeckt ankam, wurde es von ihr und der Schwester gut aufgenommen. Das Mädchen erzählte alles, was ihm begegnet war, und als die Mutter hörte, wie es zu dem großen Reichtum gekommen war, wollte sie der anderen, hässlichen und faulen Tochter gerne dasselbe Glück verschaffen. Sie musste sich an den Brunnen setzen und spinnen; und damit ihre Spule blutig wurde, stach sie sich in die Finger. Dann warf sie die Spule in den Brunnen und sprang selber hinein. Sie kam wie die andere auf die schöne Wiese und ging auf demselben Pfade weiter. Als sie zu dem Backofen gelangte, schrie das Brot wieder: „Ach, zieh' mich raus, zieh' mich raus, sonst verbrenn' ich, ich bin schon längst ausgebacken." Die Faule aber antwortete:

„Da hätte ich Lust, mich schmutzig zu machen", und ging fort. Bald kam sie zu dem Apfelbaum, der rief: „Ach, schüttel mich, schüttel mich, wir Äpfel sind alle miteinander reif." Sie antwortete aber: „Du kommst mir recht, es könnte mir einer auf den Kopf fallen", und ging damit weiter. Als sie vor der Frau Holle Haus kam, fürchtete sie sich nicht, weil sie schon von ihr gehört hatte, und nahm gleich ihren Dienst an. Am ersten Tag gab sie sich Mühe, war fleißig und folgte der Frau Holle, wenn sie ihr etwas sagte, denn sie dachte an das viele Gold, das sie ihr schenken würde. Am zweiten Tag aber fing sie schon an zu faulenzen, am dritten noch mehr und am vierten wollte sie morgens gar nicht aufstehen. Sie machte auch der Frau Holle das Bett nicht, wie sich's gehörte, und schüttelte es nicht, dass die Federn aufflogen. Bald hatte Frau Holle genug und sagte ihr den Dienst auf. Die Faule war darüber wohl zufrieden und meinte, nun würde der Goldregen kommen.

Frau Holle führte sie auch zu dem Tor. Als sie aber darunter stand, wurde statt des Goldes ein großer Kessel voll Pech ausgeschüttet. „Das ist zur Belohnung deiner Dienste", sagte Frau Holle und schloss das Tor zu. Da kam die Faule heim, aber sie war ganz mit Pech bedeckt, und der Hahn auf dem Brunnen, als er sie sah, rief: „Kikeriki, da kommt die Pechmarie!"
Das Pech aber blieb fest an ihr hängen und wollte, solange sie lebte, nicht mehr abgehen.

Das tapfere Schneiderlein

Eines schönen Sommermorgens saß ein Schneiderlein auf seinem Tisch am Fenster, war guter Dinge und nähte aus Leibeskräften. Da kam eine Bauersfrau die Straße herab und rief: „Gutes Pflaumenmus! Gutes Pflaumenmus!" Das klang dem Schneiderlein wohl in den Ohren. Er steckte sein zartes Haupt zum Fenster hinaus und rief: „Hier herauf, liebe Frau, hier werden Sie Ihre Ware los!" Die Frau stieg die drei Treppen mit ihrem schweren Korb zu dem Schneider herauf und musste die Töpfe sämtlich vor ihm auspacken. Er besah sie alle, hob sie in die Höhe, hielt die Nase dran und sagte endlich: „Das Mus sieht gut aus, wiegen Sie mir doch vier Lot ab, liebe Frau, wenn es auch ein Viertelpfund ist, kommt es mir nicht darauf an." Die Frau, welche gehofft hatte, einen guten Absatz zu finden, gab ihm, was er verlangte, ging aber ganz ärgerlich fort. „Nun, das Mus soll mir Gott segnen", rief das Schneiderlein, „und soll mir Kraft und Stärke geben." Dann holte er das Brot aus dem Schrank, schnitt sich eine Scheibe herunter und strich das Mus darauf. „Das wird nicht bitter schmecken", sprach er, „aber erst will ich die Weste fertig machen, eh ich anbeiße." Er legte das Brot neben sich, nähte weiter und machte vor Freude immer größere Stiche. Indes stieg der Geruch von dem süßen Mus hinauf und lockte die Fliegen an, die sich scharenweise darauf niederließen. „Ei, wer hat euch eingeladen?", sprach das Schneiderlein und jagte die ungebetenen Gäste fort. Die Fliegen ließen sich aber nicht abweisen, sondern kamen immer wieder. Da packte das Schneiderlein der Zorn, er nahm einen Lappen und schlug unbarmherzig drauf. Als er den Lappen wegzog und zählte, da lagen nicht weniger als sieben Fliegen tot vor ihm und streckten die Beine.

„Bist du so ein Kerl?“, sprach das Schneiderlein zu sich und bewunderte seine eigene Tapferkeit. „Das soll die ganze Stadt wissen, ei was, die ganze Welt soll's erfahren.“ Sein Herz wackelte ihm dabei vor Freude. Hastig schnitt er sich einen Gürtel, nähte ihn und stickte mit großen Buchstaben darauf: „Sieben auf einen Streich!“

Nun band er sich den Gürtel um und wollte in die Welt hinaus, weil er meinte, die Werkstatt sei zu klein für seine Tapferkeit. Ehe er fortzog, suchte er im Haus umher, ob nichts da wäre, was er mitnehmen könnte. Er fand aber nichts als einen alten Käse. Den steckte er in die Tasche. Vor dem Tor bemerkte er einen Vogel, der sich im Gebüsch verfangen hatte, den steckte er zu dem Käse.

Sein Weg führte ihn auf einen Berg, auf dessen höchstem Gipfel ein gewaltiger Riese saß, der

7 AUF EI

sich gemächlich umschaute. Das Schneiderlein ging beherzt auf ihn zu und redete ihn an: „Guten Tag, Kamerad, na, du sitzt da und besiehst dir die Welt? Ich bin eben auf dem Wege in die Welt und will sehen, wo ich etwas zu tun finde für meine Tapferkeit. Hast du nicht Lust mitzugehen?"

Der Riese sah den Schneider verächtlich an und schnaubte: „Du Lump! Du mieser Kerl!" – „Nicht so laut!", entgegnete das Schneiderlein, knöpfte seinen Rock auf und zeigte dem Riesen den Gürtel: „Da kannst du lesen, was ich für ein Mann bin." Der Riese las „Sieben auf einen Streich!" und meinte, das Schneiderlein habe so viele Menschen erschlagen. Da bekam er ein wenig Respekt vor ihm. Doch erst wollte er ihn prüfen.

Er nahm einen Stein und drückte ihn so zusammen, dass das Wasser heraustropfte. „Das mach' mir nach", sprach der Riese, „wenn du Stärke hast." – „Ach, das mach' ich mit links!", sagte das Schneiderlein. „Wenn's weiter nichts ist." Dabei griff er in die Tasche, holte den weichen Käse heraus und drückte ihn, dass der Saft herauslief. „Na", sprach er, „das war ein wenig besser?" Der Riese wusste nicht, was er sagen sollte, und konnte es nicht glauben. Dann hob er einen Stein und warf ihn so hoch, dass man ihn kaum noch sehen konnte: „Nun, du Zwerg, das tu mir nach." – „Gut geworfen", meinte das Schneiderlein, „aber der Stein hat doch wieder zur Erde herabfallen müssen. Ich will dir einen werfen, der soll gar nicht wiederkommen." Er nahm den Vogel aus der Tasche und warf ihn in die Luft. Der Vogel war froh über seine Freiheit, stieg auf und kam nicht wieder. „Wie gefiel dir das, Kamerad?", fragte der Schneider den Riesen. „Werfen kannst du wohl", meinte der, „aber nun wollen wir sehen, ob du auch etwas Ordentliches tragen kannst." Er führte den Schneider zu einem mächtigen Eichbaum, der da gefällt am Boden lag, und sagte: „Wenn du stark genug bist, hilf mir den Baum aus dem Wald tragen."

„Gern“, antwortete der kleine Mann, „nimm du nur den Stamm auf die Schulter, ich will die Krone tragen, das ist ja doch das Schwerste.“ Der Riese nahm den Stamm auf die Schulter, der Schneider aber setzte sich auf einen Ast. Weil sich der Riese nicht umdrehen konnte, merkte er nicht, dass er den ganzen Baum und noch obendrein das Schneiderlein forttragen musste. Der Schneider saß lustig auf seinem Ast, ließ die Beine baumeln und pfiff ein Lied, ganz so, als wäre das Bäumetragen ein Kinderspiel. Der Riese konnte bald nicht mehr und nach einer Weile rief er: „Pass auf, ich muss den Baum fallen lassen.“ Da sprang der Schneider flink herab, fasste den Baum mit beiden Armen, als hätte er ihn getragen, und spottete: „Du bist ein so großer Kerl und kannst nicht einmal das Bäumchen tragen.“

Der Riese schaute sehr verwundert auf den kleinen Mann und sagte: „Weil du ein so tüchtiger Kerl bist, darfst du mit in unsere Höhle kommen und dort übernachten.“ Das Schneiderlein folgte ihm. Als sie bei der Höhle ankamen, saßen da noch andere Riesen beim

Feuer, und jeder hatte ein ganzes gebratenes Schaf in der Hand und aß davon. Der Riese zeigte dem Schneiderlein sein Bett und sagte, er solle sich hineinlegen und tüchtig ausschlafen. Unserem Schneider war das Bett aber viel zu groß. Er legte sich nicht hinein, sondern kroch in eine Ecke. Als es Mitternacht war und der Riese meinte, das Schneiderlein läge in tiefem Schlaf, stand er heimlich auf, nahm eine große Eisenstange und schlug das Bett mit einem Schlag entzwei. Nun meinte er, er habe dem Winzling den Garaus gemacht. Das Schneiderlein aber zog weiter. Nachdem er lange gewandert war, kam er in den Hof eines königlichen Palastes, und weil er müde war, legte er sich ins Gras und schlief ein. Während er lag und schlief, kamen die Leute und lasen auf seinem Gürtel „Sieben auf einen Streich!" – „Oh", sprachen sie, „das muss ein mächtiger Herr sein." Und sie gingen zu ihrem König, erzählten ihm von dem schlafenden Helden und meinten, im Kriege wäre das sicher ein nützlicher Mann, den man nicht fortlassen dürfe. Dem König leuchtete das ein, und er schickte einen von seinen Hofleuten zum Schneiderlein, der sollte ihm Kriegsdienste anbieten. Der Abgesandte ging hin und brachte sein Angebot vor. „Eben deswegen bin ich hergekommen", antwortete der Schneider, „ich bin bereit, in des Königs Dienste zu treten." Da wurde er am Hofe des Königs ehrenvoll empfangen. Die alten Kriegsleute des Königs aber mochten den Schneider nicht und wünschten ihn tausend Meilen weit weg. „Wenn wir Streit mit ihm kriegen und er haut zu", so sagten sie untereinander, „dann fallen auf jeden Streich sieben. Dabei können wir nicht bestehen." Also gingen sie alle zum König und baten um ihren Abschied. Der König war traurig, dass er um des Einen

willen alle seine treuen Diener verlieren sollte, und wünschte, er hätte ihn nie gesehen. Aber er traute sich nicht, ihn wegzuschicken, weil er fürchtete, er würde ihn samt seinem Volke totschlagen und sich selbst auf den Thron setzen.

Endlich fand der König einen Rat. Er ließ dem Schneiderlein sagen: In einem Walde seines Landes hausten zwei Riesen, die mit Rauben, Morden und Brennen großen Schaden anrichteten. Niemand könne sich ihnen ohne Lebensgefahr nähern. Wenn er diese beiden Riesen überwände und töte, so wolle er ihm seine einzige Tochter zur Frau geben und das halbe Königreich dazu. Hundert Reiter sollten mitziehen und ihm Beistand leisten. – Das wäre etwas für mich, dachte das Schneiderlein, eine schöne Königstochter und ein halbes Königreich wird einem nicht alle Tage geboten. „Die Riesen werde ich schon bändigen", gab er zur Antwort. „Die hundert Reiter habe ich aber nicht nötig: Wer sieben auf einen Streich trifft, braucht sich vor zweien nicht zu fürchten."

Das Schneiderlein zog aus, und die hundert Reiter folgten ihm. Als sie an den Wald kamen, sprach er zu seinen Begleitern: „Bleibt nur hier, ich will schon allein mit den Riesen fertig werden." Dann ging er in den Wald hinein und schaute sich um. Nach einer Weile erblickte er die Riesen: Sie lagen unter einem Baum und schliefen. Dabei schnarchten sie, dass sich die Äste bogen. Das Schneiderlein sammelte beide Taschen voll Steine und stieg damit auf einen Baum. Als er in der Mitte war, rutschte er auf einen Ast, bis er gerade

über den Schlafenden saß. Dann ließ er dem einen Riesen einen Stein nach dem anderen auf die Brust fallen. Der Riese merkte lange nichts, aber endlich wachte er auf, stieß seinen Gesellen an und sprach: „Warum schlägst du mich?“ – „Du träumst“, sagte der andere, „ich schlage dich nicht.“ Und sie schliefen wieder ein. Da warf der Schneider einen Stein auf den Zweiten hinab. „Was soll das?“, rief der Erste. „Warum bewirfst du mich?“ – „Ich werfe nicht“, antwortete der Gefragte und brummte. So zankten sie eine Weile herum, aber sie waren müde und schliefen ein. Jetzt suchte der Schneider den dicksten Stein aus und warf ihn dem ersten Riesen mit aller Gewalt auf die Brust. „Was soll das!“, schrie der, sprang wie ein Unsinniger auf und stieß seinen Gesellen gegen den Baum. Der Andere stieß zurück, und sie gerieten in solche Wut, dass sie Bäume ausrissen und so lange aufeinander losschlugen, bis sie beide zugleich tot umfielen. Nun sprang das Schneiderlein vom Baum, zog sein Schwert, versetzte jedem der Riesen ein paar tüchtige Hiebe und ging dann hinaus zu seinen Reitern. Er sprach: „Die Arbeit ist getan, ich habe beiden den Garaus gemacht. Zwar

haben sie in ihrer Not Bäume ausgerissen, aber das hilft alles nichts, wenn einer kommt, der sieben auf einen Streich erschlägt."
Die Reiter wollten es nicht glauben und ritten in den Wald hinein. Da fanden sie die Riesen erschlagen, und ringsumher lagen die ausgerissenen Bäume.
Das Schneiderlein verlangte nun vom König die versprochene Belohnung. Der aber bereute sein Versprechen, und er überlegte aufs Neue, wie er sich den Helden vom Hals schaffen könne. „Ehe du meine Tochter und das halbe Reich erhältst", sprach er zu ihm, „musst du noch eine Tat vollbringen. In einem anderen Wald läuft ein Einhorn, das großen Schaden anrichtet, das musst du erst einfangen."
„Vor einem Einhorn fürchte ich mich noch weniger als vor zwei Riesen. Sieben auf einen Streich, heißt mein Spruch." So nahm er sich einen Strick und eine Axt und ging in den Wald. Die Begleiter ließ er wieder draußen warten. Er brauchte nicht lange zu suchen, da kam das Einhorn schon dahergerannt, sprang auf den Schneider los, als wolle es ihn ohne Umstände aufspießen. Der aber blieb stehen und wartete, bis das Tier ganz nahe war. Dann sprang er flink hinter einen Baum. Das Einhorn rannte mit aller Kraft und spießte sein Horn so fest in den Stamm, dass es nicht wieder herauszubekommen war. „Jetzt hab ich das Vögelein", sagte der Schneider, kam hinter dem Baum hervor, band dem Einhorn den

Strick um den Hals, hieb mit der Axt das Horn aus dem Baum und führte das Tier zum König. Der König wollte ihm den versprochenen Lohn aber immer noch nicht geben, sondern stellte ihm eine dritte Aufgabe. Der Schneider sollte ein Wildschwein fangen, das in einem anderen Wald großen Schaden anrichtete. Die Jäger sollten ihm dabei helfen. „Gern", sprach der Schneider, „das ist ein Kinderspiel." Die Jäger nahm er aber nicht mit in den Wald. Als das Schwein den Schneider erblickte, lief es gleich mit wetzenden Zähnen auf ihn zu und wollte ihn umwerfen. Der Held aber sprang in eine Kapelle, die in der Nähe war, und mit einem Satz gleich oben zum Fenster wieder hinaus. Das Schwein war hinter ihm hergelaufen.
Da lief der Schneider flink außen herum, schlug die Tür zu, und das wütende Tier war gefangen. Dann rief das Schneiderlein die Jäger herbei, die mussten den Gefangenen mit eigenen Augen sehen.
Unser Held selbst begab sich zum König, der ihm nun endlich, ob er wollte oder nicht, den versprochenen Lohn geben musste. Wenn er gewusst hätte, dass der Held ein Schneider war, wäre es ihm noch mehr zu Herzen gegangen. Die Hochzeit wurde mit großer Pracht und wenig Freude gehalten. So war aus dem Schneider ein König geworden.
Nach einiger Zeit hörte die junge Königin in der Nacht, wie ihr Gemahl im Traume sprach: „Junge, mach mir das Wams und flick mir die Hosen, oder ich will dir die Elle über die Ohren schlagen." Da merkte sie, wer der junge Herr wirklich war. Am anderen Morgen bat sie ihren Vater, er möchte sie von dem Mann befreien, der nichts anderes sei als ein Schneider.
Der König tröstete sie und sprach: „Lass in der nächsten Nacht die Schlafkammer offen. Meine Diener werden, wenn er eingeschlafen ist, hineingehen, ihn fesseln und auf ein Schiff tragen, das ihn in die weite Welt bringt."
Des Königs Waffenträger aber, der alles mit angehört hatte, mochte den jungen Herrn gut leiden und verriet ihm den Plan. „Dem Ding will ich einen Riegel vorschieben", sagte der Schneider. Am Abend legte er sich zur gewöhnlichen Zeit ins Bett. Als die junge Königin meinte, er sei eingeschlafen, stand sie auf und öffnete leise die Tür. Das Schneiderlein hatte sich aber nur schlafend gestellt und rief jetzt mit heller Stimme: „Junge, mach mir das Wams und flick mir die Hosen, oder ich will dir die Elle über die Ohren schlagen. Ich habe sieben mit einem Streich getroffen, zwei Riesen erschlagen, ein Einhorn fortgeführt und ein Wildschwein gefangen. Da sollte ich mich vor denen fürchten, die draußen vor der Kammer stehen?"
Als das die Diener hörten, überkam sie eine große Furcht und keiner wollte sich an ihn wagen. So blieb das Schneiderlein ein König sein Leben lang.

Tischlein deck dich

Es war einmal ein Schneider, der hatte drei Söhne und eine einzige Ziege. Die Ziege musste täglich auf die Weide geführt werden. Einmal brachte sie der älteste Sohn auf den Kirchhof, wo die schönsten Kräuter standen, und ließ sie fressen. Abends fragte er: „Ziege, bist du satt?"
Die Ziege antwortete: „Ich bin so satt, ich mag kein Blatt, mäh, mäh!"
„So komm nach Hause", sprach der Sohn und führte sie in den Stall. – „Nun", fragte der alte Schneider, „hat die Ziege ihr gehöriges Futter?"
„Oh", sagte der Sohn, „sie mag kein Blatt." Der Vater aber wollte es selbst hören, ging in den Stall und fragte: „Ziege, bist du satt?"
Die Ziege antwortete: „Wovon sollt' ich satt sein? Ich sprang nur über Gräbelein und fand kein einzig Blättelein, mäh, mäh!"
„Was muss ich hören?", sprach der Schneider zu dem Sohn. „Du Lügner hast die Ziege hungern lassen!" Und in seinem Zorn nahm er einen Stock von der Wand und jagte ihn hinaus.
Am anderen Tag war der zweite Sohn an der Reihe. Der suchte die feinsten Kräuter für die Ziege, aber auch ihm spielte das freche Tier

den gleichen Streich, und der Vater jagte ihn aus dem Haus.
Jetzt kam der dritte Sohn an die Reihe. Der wollte seine Sache besonders gut machen, aber auch ihm erging es nicht besser. Zornig jagte ihn der Vater davon.
Am anderen Morgen führte der alte Schneider seine Ziege selbst zu den saftigen Hecken. Doch am Abend sagte die Ziege wieder:
„Wovon sollt' ich satt sein? Ich sprang nur über Gräbelein und fand kein einzig Blättelein, mäh, mäh!"
Da wusste der Schneider, dass er seine Söhne ohne Ursache verstoßen hatte und jagte die Ziege fort vor lauter Zorn. Als der Schneider so ganz einsam in seinem Hause saß, hätte er seine Söhne gern wieder gehabt; aber niemand wusste, wohin sie gezogen waren.
Der Älteste war zu einem Tischler in die Lehre gegangen. Da lernte er unverdrossen. Als seine Lehrzeit um war, schenkte ihm der Meister ein Tischchen, das gar kein besonderes Aussehen hatte und von gewöhnlichem Holz war. Aber es hatte eine gute Eigenschaft. Wenn man sprach: „Tischlein, deck dich", so war das Tischchen auf einmal mit einem sauberen Tüchlein bedeckt, und da stand ein Teller, und Messer und Gabel waren daneben und Schüsseln mit herrlichen Gerichten und Gebratenem, so viel, wie es Platz hatte.

Der junge Geselle dachte: Damit hast du genug für dein Lebtag! Und er zog guter Dinge in der Welt umher. Wenn es ihm gefiel, nahm er sein Tischchen vom Rücken und sprach: „Deck dich!" Dann war alles da, was sein Herz begehrte. Endlich kam ihm in den Sinn, zu seinem Vater zurückzukehren. Es trug sich zu, dass er auf dem Heimweg abends in ein Wirtshaus kam, das mit Gästen überfüllt war. Sie hießen ihn willkommen und luden ihn ein, sich zu ihnen zu setzen und mit ihnen zu essen, sonst würde er kaum noch etwas bekommen.

„Nein", antwortete der Tischler, „die paar Bissen will ich euch nicht vor dem Munde wegnehmen, lieber sollt ihr meine Gäste sein." Sie lachten und meinten, er würde seinen Spaß mit ihnen machen. Er aber stellte sein Tischchen mitten in die Stube und sprach: „Tischlein, deck dich!" Augenblicklich war es mit Speisen besetzt, so gut, wie sie der Wirt nicht herbeischaffen konnte.

„Zugegriffen, liebe Freunde", sprach der Tischler. Die Gäste ließen sich nicht zweimal bitten, rückten heran und griffen eifrig zu. Und wenn eine Schüssel leer geworden war, so stellte sich gleich von selbst eine volle an ihren Platz. Der Wirt stand in einer Ecke und wusste gar nicht, was er sagen sollte, dachte aber: Einen solchen Koch könntest du in der Wirtschaft wohl brauchen!

Der Tischler und seine Gesellschaft waren lustig bis in die späte Nacht. Endlich legten sie sich schlafen, und der junge Geselle ging auch zu Bett und stellte sein Wunschtischchen an die Wand.

Dem Wirte aber ließen seine Gedanken keine Ruhe. Es fiel ihm ein, dass in seiner Rumpelkammer ein altes Tischchen stand, das gerade so aussah. Das holte er leise herbei und vertauschte es heimlich mit dem Wunschtischchen.

Am anderen Morgen zahlte der Tischler sein Schlafgeld, packte sein Tischchen auf, dachte gar nicht daran, dass er ein falsches haben könnte, und ging seiner Wege. Zu Mittag kam er bei seinem Vater an, der ihn mit großer Freude empfing.

„Nun, mein lieber Sohn, was hast du gelernt?", fragte er ihn. „Vater, ich bin ein Tischler geworden."

„Ein gutes Handwerk", erwiderte der Alte, „aber was hast du von deiner Wanderschaft mitgebracht?"

„Vater, das Beste, was ich mitgebracht habe, ist das Tischchen."

Der Schneider betrachtete es von allen Seiten und sagte: „Daran hast du kein Meisterstück gemacht, das ist ein altes und schlechtes Tischchen."

„Aber es ist ein Tischlein-deck-dich", antwortete der Sohn. „Wenn ich ihm sage, es soll sich decken, so stehen gleich die schönsten Gerichte darauf. Ladet nur alle Verwandten und Freunde ein, die sollen sich einmal stärken und erquicken, denn das Tischchen macht sie alle satt."

Als die Gesellschaft beisammen war, stellte er sein Tischchen mitten in die Stube und sprach: „Tischlein, deck dich!" Aber das Tischchen regte sich nicht und blieb so leer wie ein anderer Tisch, der die Sprache nicht versteht. Da merkte der arme Geselle, dass ihm das Tischchen vertauscht worden war.

Er schämte sich, dass er wie ein Lügner dastand. Die Verwandten aber lachten ihn aus und mussten ohne Speis und Trank wieder heimwandern.

Der Vater holte seine Lappen wieder herbei und schneiderte fort, der Sohn aber ging zu einem Meister in die Arbeit.

Der zweite Sohn war zu einem Müller gekommen und bei ihm in die Lehre gegangen. Als er seine Jahre herum hatte, sprach der Meister: „Weil du dich so wohl gehalten hast, schenke ich dir einen Esel von ganz besonderer

Art. Er zieht nicht den Wagen und trägt keine Säcke."

„Wozu ist er denn nütze?", fragte der junge Geselle.

„Er beschert dir Gold", antwortete der Müller. „Wenn du ihn auf ein Tuch stellst und sprichst: ‚Bricklebrit', so spuckt dir das gute Tier Goldstücke aus, hinten und vorn."

„Das ist eine schöne Sache", sprach der Geselle, dankte dem Meister und zog in die Welt. Wenn er Geld nötig hatte, brauchte er nur zu seinem Esel „Bricklebrit" zu sagen, so regnete es Goldstücke. Er hatte weiter keine Mühe, als sie von der Erde aufzuheben. Wohin er kam, war ihm das Beste gut genug, und je teurer, desto lieber, denn er hatte immer einen vollen Beutel.

Als er sich eine Zeitlang in der Welt umgesehen hatte, dachte er: Du musst deinen Vater aufsuchen. Wenn du mit dem Goldesel kommst, wird er seinen Zorn vergessen und dich gut aufnehmen.

Es trug sich zu, dass er in dasselbe Gasthaus geriet, in dem seinem Bruder das Tischchen vertauscht worden war. Er führte seinen Esel an der Hand. Der Wirt wollte ihm das Tier abnehmen und anbinden, der junge Geselle aber sprach: „Gebt euch keine Mühe, meinen Grauschimmel führe ich selbst in den Stall und binde ihn auch selbst an, denn ich muss wissen, wo er steht."

Dem Wirt kam das wunderlich vor. Er meinte, einer, der sich selbst um seinen Esel kümmern musste, habe nicht viel zu verzehren. Aber als der Fremde in die Tasche griff, zwei Goldstücke herausholte und sagte, er solle nur etwas Gutes für ihn einkaufen, machte er große Augen. Er lief und suchte das Beste, was er auftreiben konnte.

Nach der Mahlzeit fragte der Gast, was er schuldig sei. Der Wirt wollte sich die günstige Gelegenheit nicht entgehen lassen und sagte, noch ein paar Goldstücke müsse er zulegen. Der Geselle griff in die Tasche, aber sein Gold war eben zu Ende. „Wartet einen Augenblick, Herr Wirt", sprach er, „ich will nur gehen und Gold holen", nahm aber das Tischtuch mit.

Der Wirt wusste nicht, was das heißen sollte, war neugierig und schlich ihm nach. Da der Gast die Stalltür zuriegelte, schaute er durch ein Loch in der Wand. Der Fremde breitete unter dem Esel das Tuch aus und rief: „Bricklebrit!"

Augenblicklich fing das Tier an, Gold zu speien, hinten und vorn, dass es ordentlich auf das Tuch herabregnete.

„Ei der Tausend", sagte der Wirt, „da sind die Dukaten bald geprägt! So ein Goldbeutel ist nicht übel!"

Der Gast bezahlte und legte sich arglos schlafen. Der Wirt aber schlich in der Nacht auf leisen Sohlen in den Stall, führte den

vortrefflichen Münzmeister weg und band einen anderen, einen ganz gewöhnlichen Esel an seine Stelle.

Am folgenden Morgen in der Frühe zog der Geselle mit dem Esel ab. Mittags kam er bei seinem Vater an, der sich sehr freute, als er seinen Sohn wiedersah. „Was ist aus dir geworden, mein Sohn?“, fragte der Alte. „Ein Müller, lieber Vater“, antwortete er. „Was hast du von deiner Wanderschaft mitgebracht?“ – „Weiter nichts als einen Esel.“ „Esel gibt's hier genug“, sagte der Vater, „da wäre mir doch eine gute Ziege lieber gewesen.“

„Ja“, antwortete der Sohn, „aber es ist kein gewöhnlicher Esel, sondern ein Goldesel. Wenn ich sage: ‚Bricklebrit', so spuckt das gute Tier ein ganzes Tuch voll Goldstücke aus. Lasst nur alle Verwandten herbeirufen, ich mache sie alle zu reichen Leuten.“

„Das lass ich mir gefallen“, sagte der Schneider, und er ging selbst fort und rief die Verwandten herbei. Sobald sie beisammen waren, breitete der Müller sein Tuch aus und brachte den Esel. „Bricklebrit!“, rief er, aber es waren keine Goldstücke, was da herabfiel. Da machte der Müller ein langes Gesicht und sah, dass er betrogen worden war.

Der dritte Bruder war zu einem Drechsler in die Lehre gegangen. Seine Brüder aber meldeten ihm in einem Briefe, wie schlimm es ihnen ergangen sei und wie sie der Wirt betrogen habe.
Als der Drechsler ausgelernt hatte, schenkte ihm sein Meister einen Sack und sagte: „Es liegt ein Knüppel darin." – „Der Sack kann mir gute Dienste leisten, aber was soll der Knüppel darin?", fragte der Geselle.
Der Meister antwortete: „Hat dir jemand etwas zuleide getan, so sprich nur: ‚Knüppel, aus dem Sack!' Dann tanzt er den Leuten auf dem Rücken herum, dass sie sich acht Tage nicht regen können, und lässt nicht eher ab, als du sagst: ‚Knüppel, in den Sack!'"
Der Geselle dankte und ging seiner Wege.
Zur Abendzeit kam er an dem Wirtshaus an, wo seine Brüder betrogen worden waren.
Er legte sein Bündel vor sich auf den Tisch und fing an zu erzählen, was er Merkwürdiges in der Welt gesehen habe.
„Ja", sagte er, „man findet wohl ein Tischlein-deck-dich, einen Goldesel und dergleichen, lauter gute Dinge, die ich nicht verachte; aber das ist alles nichts gegen den Schatz, den ich mir erworben habe und mit mir da in meinem Sack führe."

Der Wirt spitzte die Ohren. Was in aller Welt mag das sein, dachte er. Der Sack ist wohl mit lauter Edelsteinen angefüllt; den sollte ich auch noch billig haben, denn aller guten Dinge sind drei!

Als Schlafenszeit war, streckte sich der Gast auf die Bank und legte seinen Sack als Kopfkissen unter. Als der Wirt meinte, der Gast läge in tiefem Schlaf, ging er herbei, rückte und zog ganz sachte und vorsichtig an dem Sack, ob er ihn vielleicht wegziehen und einen anderen unterlegen könne.

Der Drechsler aber hatte schon lange darauf gewartet. Als nun der Wirt einen herzhaften Ruck tun wollte, rief er: „Knüppel, aus dem Sack!"

Alsbald fuhr der Knüppel heraus, dem Wirt auf den Leib und bearbeitete ihn, dass es eine Freude war. Der Wirt schrie zum Erbarmen; aber je lauter er schrie, desto kräftiger schlug ihm der Knüppel auf dem Rücken den Takt dazu, bis der Wirt endlich erschöpft zur Erde fiel.

Da sprach der Drechsler: „Wenn du das Tischlein-deck-dich und den Goldesel nicht wieder herausgibst, so soll der Tanz von Neuem angehen."

„Ach nein", rief der Wirt ganz kleinlaut, „ich gebe alles gern wieder heraus, lasst nur den verwünschten Kobold wieder in den Sack kriechen!"

Da sprach der Geselle: „Ich will Gnade für Recht ergehen lassen, aber hüte dich!"

Dann rief er „Knüppel, in den Sack!“ und ließ ihn ruhen.
Der Drechsler zog am anderen Morgen mit dem Tischlein-deck-dich und dem Goldesel heim zu seinem Vater.
Der freute sich und fragte auch ihn, was er in der Fremde gelernt habe. – „Ich bin ein Drechsler geworden“, antwortete der Sohn.
„Und was hast du von der Wanderschaft mitgebracht?“, fragte der Vater weiter.
„Ein kostbares Stück, einen Knüppel-in-dem-Sack!“
„Was?“, rief der Vater entsetzt.
„Einen Knüppel? Den kannst du dir von jedem Baum abhauen!“
„Nein, Vater, denn sage ich ‚Knüppel, aus dem Sack!‘, so macht der Knüppel mit dem, der es nicht gut mit mir meint, einen schlimmen Tanz. Seht ihr, mit diesem Knüppel habe ich das Tischlein-deck-dich und den Goldesel wieder herbeigeschafft, die der diebische Wirt meinen Brüdern genommen hatte. Lasst sie jetzt beide rufen und ladet alle Verwandten ein!“

Der alte Schneider wollte dem nicht recht trauen, brachte aber doch die Verwandten zusammen. Da breitete der Drechsler ein Tuch aus und sagte zu seinem Bruder: „Nun, lieber Bruder, sprich mit ihm!"
Der Müller sagte „Bricklebrit", und augenblicklich sprangen die Goldstücke auf das Tuch herab. Der Esel hörte nicht eher auf, bis alle genug hatten.
Dann holte der Drechsler das Tischchen und sagte: „Lieber Bruder, nun sprich mit ihm!"
Kaum hatte der Tischler „Tischlein, deck dich!" gesagt, so war es gedeckt und mit den schönsten Schüsseln reichlich besetzt.
Da wurde eine Mahlzeit gehalten, wie der gute Schneider noch keine erlebt hatte, und die ganze Verwandtschaft blieb zusammen bis in die Nacht, und alle waren lustig und vergnügt. Der Schneider verschloss Nadel und Zwirn, Elle und Bügeleisen in einem Kasten und lebte mit seinen drei Söhnen in Freude und Herrlichkeit.

Rumpelstilzchen

Es war einmal ein Müller. Sein Haus lag an einem rauschenden Bach in einem lieblichen Wiesental. Die Mühle drehte schon seit Urgroßvaters Zeiten ihr Rad am Bach, der Großvater hatte das Korn für die Bauern der Umgebung darauf gemahlen, dem Vater hatte sie treu gedient, und als sich der zum Sterben legte, ging die Mühle an den Sohn über.

Zwar rauschte der Bach wie ehedem am Haus vorbei und trieb das alte Mühlrad an, das Rad selbst aber war schadhaft und brüchig geworden. Es quietschte und klapperte in den morschen Lagern.

So warf die Mühle nicht mehr viel Gewinn ab für ihren Besitzer. Der Müller war arm wie eine Kirchenmaus, und gar manchen Tag hatten die Müllersleute kaum das Salz in ihrer Suppe.

Der Müller war aber ein Prahlhans und wollte sich nicht eingestehen, wie arm er war, und so erzählte er jedermann, dass er große Schätze zu erwarten hätte und eines Tages in einem Schloss wohnen würde. Die Nachbarn lachten über ihn und nannten ihn unter sich den

„Prahlmüller“, wenn er in seinen geflickten Hosen daherkam. Der größte Schatz, den der Müller wirklich besaß, war seine hübsche blonde Tochter, die ihr Haar in schweren Flechten trug und nach der sich jedermann umsah, der sie erblickte.
Eines Tages begab es sich nun, dass der König durch das Land reiste, hier und dort anhielt und mit dem Volke redete. Er fragte die Bauern nach Haus und Hof und hörte sich an, was ihm die Menschen an Sorgen vorzutragen hatten, denn er war ein junger König und wollte seinem Volke ein gerechter Regent sein. Auf seiner Reise kam er auch zu der alten Mühle am Bach.
Der Müller trat vor die Tür, verbeugte sich vor dem hohen Gast und zeigte sich sehr geehrt durch den unerwarteten Besuch.
„Nun, Müller“, sprach der König, „eure Mühle sieht gar alt und gebrechlich aus; ernährt sie denn ihren Mann, dass er sich mit seiner Familie satt essen kann?“ – „Die Mühle ist zwar alt“, antwortete der Prahlmüller, „aber sie tut noch recht und schlecht ihren Dienst, sodass wir darum nicht Hunger leiden müssen.“ Und um sich ein noch besseres Ansehen zu geben, fügte er hinzu: „Zudem habe ich eine Tochter, die Stroh zu Gold spinnen kann.“
„Das ist eine Kunst, die mir wohlgefällt“, entgegnete der König und hob die Augenbrauen, so als schenke er den Worten des Müllers keinen Glauben, fuhr aber fort: „Wenn deine Tochter so geschickt ist, wie du sagst, so führe sie mir morgen auf mein Schloss, damit ich ihr Können erproben kann.“
Damit verabschiedete sich der König, und der Müller konnte sehen, wie er den Kopf aus der Schlinge zog, die er sich mit seiner Prahlerei selbst um den Hals gelegt hatte. Denn dies wusste er genau: Wenn er die Tochter nicht zum König schickte, kämen bald darauf die

Häscher des Königs und sperrten ihn in den tiefsten Turm, wo er dann über seine Prahlerei nachdenken konnte.
Die Müllerin, die alles mit angehört hatte, schalt den Müller wegen seiner Unüberlegtheit, durch die sie nun alle in Not und großes Elend geraten würden. Die Müllerstochter saß am Tisch, und die blauen Augen flossen ihr über vor bitteren Tränen, die sie in ihrer Furcht vergoss. Was sollte sie tun, wenn sie zum Schloss käme und der König von ihr verlangte, aus Stroh Gold zu spinnen, denn das ist eine Kunst, die kein Mensch auf Erden beherrscht. Aber es half ihr nichts, sie musste den schweren Gang tun.
Als nun das Mädchen zum König gebracht wurde, führte der es in eine Kammer, die ganz voller Stroh lag, gab ihr Spinnrad und Haspel und sprach: „Jetzt mache dich an die Arbeit, und wenn du nicht in dieser Nacht alles Stroh, das da liegt, zu Gold versponnen hast, so musst du sterben." Darauf schloss der König die Kammer selbst zu, und die Müllerstochter blieb allein darin. Da saß sie nun und wusste sich um ihr Leben keinen Rat. Ihre Angst wurde immer größer, bis sie wieder zu weinen anfing und laut vor sich hinschluchzte.

Auf einmal ging die Tür auf, nur einen winzigen Spalt, und herein trat ein ganz kleines Männchen mit brandroten Haaren, das trug einen mächtigen, spitzen Hut auf dem Kopf mit einer gewaltigen Plusterfeder daran.
„Guten Abend, junge Müllerin, warum weinst du denn so sehr?", fragte das Männlein und zwinkerte ihr mit seinen listigen Äuglein zu.
„Ach", antwortete das Mädchen, „ich soll Stroh zu Gold spinnen und versteh das nicht."
„Was gibst du mir, wenn ich dir's spinne?", fragte das Männlein zurück.
„Mein Halsband geb ich dir", bot ihm die Müllerstochter an.
Das Männlein war zufrieden, nahm das Halsband, setzte sich vor das Rädchen und fing zu spinnen an. Schnurr, schnurr, schnurr, dreimal gezogen, war die Spule voll. Dann steckte es eine andere auf, und schnurr, schnurr, schnurr, dreimal gezogen, war die

zweite voll; so ging es weiter bis zum Morgen, da war alles Stroh versponnen, und alle Spulen waren voll von purem Gold. Das Männlein verschwand, leise, wie es gekommen war, und das Mädchen blieb, von Herzen froh und glücklich, mit dem Gold in der Kammer zurück. Bei Sonnenaufgang kam schon der König, und als er das viele Gold erblickte, da staunte er sehr und konnte es gar nicht fassen. Aber – auch der König ist nur ein Mensch – wer viel hat, will immer mehr haben. Sein Herz wurde noch goldgieriger. Er ließ die Müllerstochter, die schon meinte, alle Not überstanden zu haben, in eine andere Kammer bringen, die voller Stroh war. Die Kammer war aber viel größer als die erste, und der König befahl ihr, alles Stroh in einer Nacht zu Gold zu verspinnen, wenn ihr ihr Leben lieb wäre. Als das Mädchen allein war, fing es wieder bitterlich zu weinen an und verwünschte die

Prahlerei seines Vaters, der es alle seine Not zu verdanken hatte. Da tat sich wieder die Tür auf, und das Männlein mit den brandroten Haaren und den listigen Augen trat herein und fragte: „Was gibst du mir, wenn ich dir wieder das Stroh zu Gold spinne?"

„Meinen Ring vom Finger", antwortete das Mädchen. Das Männlein nahm den Ring und fing zu spinnen an. Eins, zwei, drei, fiel Spule auf Spule heraus, und bis zum Morgen war alles Stroh zu glänzendem Gold versponnen. Schon bei Sonnenaufgang trat wieder der König herein und freute sich über die Maßen bei dem Anblick. Er war aber jetzt erst recht von einem wahren Goldrausch befangen, und seine Gier nach Gold wurde größer, je mehr er davon besaß. Er ließ die Müllerstochter in eine noch größere Kammer führen und sprach: „Dieses Stroh musst du in dieser Nacht verspinnen; wenn es dir gelingt, sollst du in deinem Leben nie mehr ein Spinnrad anrühren müssen, denn dann sollst du meine Gemahlin und Königin werden. Gelingt es dir aber nicht, ist dein und deines Vaters Leben zu Ende."

Der König sagte sich: „Wenn sie auch eine Müllerstochter ist, so ist sie doch bildschön, und eine reichere Frau finde ich in der ganzen Welt nicht."

Als das Mädchen allein war, kam das Männchen zum dritten Mal wieder und fragte: „Was gibst du mir, wenn ich dir auch diesmal das Stroh zu Gold spinne?" Da machte das Mädchen ein ratloses Gesicht, denn es hatte dem Männlein schon alles gegeben, was es hatte. „Ich habe nichts mehr, was ich dir geben könnte", sprach es.

„So gib mir, wenn du Königin wirst, dein erstes Kind", verlangte das Männlein und blitzte die Müllerstochter dabei mit seinen listigen Augen an. „Wer weiß, wie das noch gehen

wird?“, dachte das Mädchen und wusste sich in seiner Not auch gar nicht anders zu helfen. Es versprach also dem Männlein, was es verlangte, und das Männlein spann dafür noch einmal alles Stroh zu Gold: Schnurr, schnurr, schnurr, eins, zwei, drei, dass es nur so blinkte und blitzte von purem Gold ringsumher.
Als am anderen Morgen der König kam und alles fand, wie er es gewünscht hatte, da hielt er Hochzeit mit der Müllerstochter und machte sie zur Königin über sein Reich.
Nach einem Jahr brachte die junge Königin ein schönes Kind zur Welt und dachte gar nicht mehr an das Männlein. Doch das Männlein hatte nicht vergessen, was in jener Nacht gesprochen worden war. So tat sich eines Tages, als die Königin an der Wiege ihres Kindes saß und ihm ein lustiges Müllerlied sang, ganz leise die Tür auf, genauso leise wie damals in der Strohkammer, und herein trat das Männlein. „Nun gib mir, was du mir versprochen hast“, sprach es zur jungen Königin.
Die aber erschrak sehr und bot dem Männlein alle Reichtümer des Königreiches, wenn es ihr nur das Kind lassen wolle. Aber das Männlein beharrte auf seinem Wunsch: „Ein lebendiges Königskind ist mir lieber als alle Schätze der Welt.“ Da fing die Königin so sehr zu jammern und zu weinen an, dass das Männlein Mitleid mit ihr bekam. „Drei Tage will ich dir Zeit lassen“, sprach es, „wenn du bis dahin meinen Namen weißt, sollst du dein Kind behalten. Weißt du ihn aber nicht, musst du mir das Kind geben, denn ich habe dir geholfen in deiner höchsten Not und du hast es mir bei Leben und Ehre versprochen. Eine Königin aber muss

halten, was sie als Müllerstochter versprochen hat, wenn es ihr auch noch so schwer fällt." Damit verschwand das Männlein. Nun besann sich die Königin die ganze Nacht über auf alle Namen, die sie jemals gehört hatte. Sie schickte auch Boten übers Land, die sich erkundigen sollten, was es sonst noch für Namen gäbe. Als am anderen Tag das Männlein kam, fing sie an aufzusagen „Kaspar, Melchior, Balthasar" und nannte alle Namen, die sie wusste. Aber bei jedem schüttelte das Männlein den Kopf, zwinkerte listig mit den Augen und sprach lächelnd: „Nein, so heiß' ich nicht."

Den zweiten Tag ließ die Königin in der Nachbarschaft herumfragen, wie die Leute da genannt würden, und sie sagte dem Männlein die ungewöhnlichsten und seltsamsten Namen vor: „Heißt du vielleicht Rippenbiest oder Hammelswade oder Schnürbein?"

Doch das Männlein lächelte, schüttelte den großen Kopf mit den brandroten Haaren und sprach immer nur: „So heiß' ich nicht."

Die Königin war schon ganz verzweifelt und

ließ sich immer neue und seltenere Namen einfallen. Am dritten Tage kam einer der Boten zurück und berichtete der Königin: „An neuen Namen habe ich auch nicht einen einzigen mehr ausfindig machen können, aber als ich auf dem Rückwege an einem hohen Berg um die Waldecke bog, dort, wo sich Hasen und Füchse Gute Nacht sagen, sah ich tief im Wald ein kleines Haus. Vor dem Haus brannte ein Feuer, und um das Feuer tanzte ein Männlein, das hatte brandrote Haare, die lugten unter einem spitzen Hut hervor, der mit einer mächtigen plusterigen Feder verziert war.

Das ulkige Männchen hüpfte von einem Bein auf das andere und schrie dazu: „Heute back' ich, morgen brau' ich, übermorgen hol' ich der Königin ihr Kind! Ach, wie gut, dass niemand weiß, dass ich Rumpelstilzchen heiß'!"

Nun könnt ihr euch denken, wie die Königin froh war, als sie dies hörte.

Als das Männlein am Abend in die Kammer trat und listig schmunzelnd sprach: „Nun,

Frau Königin, heute ist der dritte Tag, habt ihr inzwischen meinen Namen herausgefunden?"
Da fasste sich die Königin ein Herz, sprach ein schnelles Gebet, dass der gehörte Name auch der richtige sein möge, und sagte: „Heißest du Kunz?"
„Nein", grinste das Männlein, „so heiße ich nicht!"
„Heißest du etwa Hinz?", fragte die Königin weiter.
„Nein, auch Hinz heiße ich nicht!", entgegnete das Männlein und ein triumphierendes Lachen trat dabei in seine listigen Augen. „Meinen Namen wirst du nie erraten, Frau Königin. Das Kind ist mein!"
Da platzte die Königin heraus: „Heißest du vielleicht – Rumpelstilzchen?"
Das Männlein wurde blass vor Zorn und schrie eins über das andere Mal: „Das hat dir der Teufel gesagt! Das hat dir der Teufel gesagt!" Und in seiner Wut stieß es den rechten Fuß so fest auf die Erde, dass er mitsamt dem Bein bis zum Leib hineinfuhr. Dann packte es den linken Fuß mit beiden Händen und riss sich selbst mitten entzwei. Dort, wo es gestanden hatte, schlug eine Flamme aus dem Boden und außer einer gelben Dunstwolke erinnerte nichts mehr an das Männlein. Der Königin war ein Stein vom Herzen gefallen, und sie trat an die Wiege und herzte und küsste ihr Königskind, froh und glücklich darüber, dass sie es nun behalten durfte.
Den Diener, der ihr den Namen gebracht hatte, ließ sie reichlich mit Gold aus des Königs Stroh-Goldkammern belohnen. Anstelle der alten Mühle am Bach steht jetzt ein schmuckes Häuschen im Wiesental, und die alten Müllersleute leben glücklich und zufrieden darin. Der Müller aber hat das Prahlen immer noch nicht aufgegeben, und er erzählt jedem, der es wissen will oder nicht: „Meine Tochter ist die Frau Königin und dies große Glück hat sie einzig und allein mir, ihrem Vater, zu verdanken."
Der König meint bis heute, seine Gemahlin könne Stroh zu Gold spinnen. Er hat es aber nie mehr von ihr verlangt.

Der kleine Däumling

Es war einmal ein armer Korbmacher, der hatte mit seiner Frau sieben Knaben, da war immer einer kleiner als der andere, und der Jüngste war bei seiner Geburt nicht viel über Fingers Länge, daher nannte man ihn Däumling. Zwar ist er danach noch etwas gewachsen, aber nicht gar zu sehr, und den Namen Däumling hat er behalten. Doch er war ein kluger und pfiffiger Knirps, der an Gewandtheit und Schlauheit seine Brüder alle übertraf.

Meist spielten die sieben Knaben den lieben langen Tag auf der Wiese vor dem Korbmacherhäuschen und freuten sich an den Strahlen der Sonne.

Die Eltern waren sehr arm, denn Korbmachen und Strohflechten ist kein so ertragreiches Gewerbe wie Getreidemahlen und Brotbacken, und als vollends eine teure Zeit kam, wurde es dem Korbmacher und seiner Frau himmelangst, wie sie ihre sieben Würmer satt machen sollten, die alle mit äußerst gutem Appetit gesegnet waren.

Da beratschlagten eines Abends, als die Kinder im Bett waren, die beiden Eltern miteinander, was sie anfangen wollten, und kamen überein, die Kinder mit in den Wald zu nehmen. Dort wollten sie die sieben Buben bei einem Bruder des Korbflechters unterbringen, der mitten im Wald seine Hütte gebaut hatte und dort seiner

Arbeit als Köhler nachging. Die Mutter hatte oft von dieser Hütte erzählt und berichtet, wie hart man dort arbeiten musste und wie dunkel und rußig alles war. Wie schön ließ es sich dagegen hier in ihrer kleinen, aber sauberen und freundlichen Hütte leben. Der Köhler war sehr geizig und auf seinen armen Bruder nicht gut zu sprechen. Die Korbflechtersleute hofften aber, dass er die Kinder aus Mitleid aufnehmen würde, wenn sie an seine Hütte klopften.

Das alles hörte der Däumling an, der nicht schlief wie seine Brüder. Er hatte sich hinter ein paar fertigen Körben versteckt und schrieb sich der Eltern üblen Ratschlag hinter die Ohren. Er dachte auch die ganze Nacht, da er vor Sorgen doch kein Auge zutun konnte, darüber nach, wie er es machen sollte, sich und seinen Brüdern zu helfen.

Frühmorgens lief der Däumling an den nahen Bach, füllte die kleinen Taschen voll mit Kieselsteinen und ging wieder heim. Seinen Brüdern sagte er von dem, was er gehört hatte, kein Sterbenswörtchen.

Nun machten sich die Eltern mit ihren Kindern auf in den Wald, und der Däumling ließ ein Kieselsteinchen nach dem anderen auf den Weg fallen. Das sah niemand, weil er als der Jüngste, Kleinste und Schwächste stets hinterher trottete. Das kannten die Eltern auch nicht anders.

Als man die Hütte des Köhlers schon durch die Bäume blicken sah, machten sich die Eltern schweren Herzens unbemerkt von den Kindern fort. Ehe sich die Buben besinnen konnten, waren die Eltern verschwunden und sie allein. Als das die Kinder merkten, gab es ein großes Geschrei. Nur der Däumling lachte und sprach zu seinen Brüdern: „Heult und schreit nicht so jämmerlich! Wir werden den Weg schon alleine finden. Zu unserem Onkel, dem Köhler, gehen wir aber nicht!" Und nun ging Däumling voran und nicht hinterdrein und richtete sich genau nach den weißen Kieselsteinen. Er fand so auch den Weg ohne alle Mühe.

Als die Eltern heimkamen, kam plötzlich Geld ins Haus – eine alte Schuld, auf die sie nicht mehr gehofft hatten, wurde von einem Nachbarn an sie abbezahlt, und nun wurden Esswaren gekauft, dass sich der Tisch bog. Aber jetzt kam auch die Reue, dass die Kinder aus dem Haus gebracht worden waren, und die Frau begann, erbärmlich zu jammern: „Ach, du lieber Gott! Wenn wir doch die Kinder hätten. Jetzt könnten sie sich satt essen! Wer weiß, vielleicht hat sie ihr Onkel gar nicht in sein Haus aufgenommen und sie irren jetzt mutterseelenallein durch den Wald. Sicher haben die wilden Tiere unsere Kinder getötet! Ach, wären nur unsere liebsten Kinder da!"
„Mutter, da sind wir ja!", sprach ganz ruhig der kleine Däumling, der bereits mit seinen Brüdern vor der Tür angelangt war und die Wehklage gehört hatte. Er öffnete die Tür, und herein trippelten die kleinen Korbmacher – eins, zwei, drei, vier, fünf, sechs, sieben. Ihren guten Appetit hatten sie wieder mitgebracht, und dass der Tisch so reichlich gedeckt war, war ihnen ein gefundenes Essen. Die Freude war groß, da die Kinder wieder da waren, und es wurde, solange das Geld reichte, in Zufriedenheit gelebt. Aber das Glück währte nicht lange, und die alte Not

kehrte zurück in die Hütte des Korbmachers. Es erwachte aufs Neue der Vorsatz, die Kinder in den Wald zu bringen. Da der Plan wieder als lautes Abendgespräch verhandelt wurde, hörte auch diesmal der kleine Däumling alles, das ganze Gespräch, Wort für Wort, und nahm sich's zu Herzen.

Am anderen Morgen wollte Däumling aus dem Häuschen schlüpfen, Kieselsteine aufzulesen, aber o weh! Die Tür war verschlossen und Däumling war viel zu klein. Er konnte sich recken und strecken, so viel er wollte, es war ihm nicht möglich, an den Riegel zu kommen und ihn zu öffnen. Da gedachte er sich anders zu helfen. Wie es fortging zum Walde, steckte Däumling ein großes Stück Brot ein und streute davon Krümchen auf den Weg, da er meinte, ihn dadurch wiederzufinden.

Alles begab sich wie das erste Mal, nur mit dem Unterschied, dass Däumling den Heimweg nicht fand, weil die Vögel alle Brotkrumen aufgefressen hatten.

Die Brüder hatten große Furcht vor dem geizigen Köhler und wollten wie beim ersten Mal wieder zurück nach Hause. Sie drängten sich um den kleinen Däumling und sagten: „Bitte führe uns doch wieder heraus aus dem finsteren Wald und heim zu unseren lieben Eltern!" Da musste der Däumling ihnen gestehen, dass sein trefflicher Plan diesmal keinen Erfolg gehabt hatte.

Nun war guter Rat teuer, und die Kinder jammerten, dass es zum Erbarmen war. Dabei tappten sie durch den Wald, bis es ganz finster wurde, und fürchteten sich sehr, bis auf Däumling. Der weinte nicht und fürchtete sich auch nicht.

Unter dem Blätterdach eines Baumes, auf weichem Moos, schliefen die sieben Brüder, und als es Morgen wurde, stieg Däumling auf einen hohen Baum, um die Gegend zu erkunden. Erst sah er nichts als lauter Waldbäume, dann aber entdeckte er in der Morgendämmerung das Licht, das aus dem Fenster eines kleinen Häuschens durch den Wald leuchtete. Er merkte sich die Richtung, rutschte vom Baum herab und ging seinen Brüdern, die neugierig unten gewartet hatten, tapfer voran. Nach manchem Kampf mit Dickicht, Dornen und Disteln sahen alle das Häuschen durch die Stämme blicken, schritten guten Mutes darauf los und klopften zaghaft an die Tür.

Da trat eine Frau heraus, und Däumling bat darum, sie doch einzulassen, sie hätten sich verirrt und wüssten nicht wohin. Die Frau sagte „Ach, ihr armen Kinder!“ und ließ den Däumling mit seinen Brüdern eintreten, sagte ihnen aber auch gleich, dass sie im Hause eines Riesen wären, der besonders böse sei. Das waren ja schöne Aussichten! Die Kinder zitterten wie Espenlaub, als sie dieses hörten. Die Frau des bösen Riesen war jedoch gut und mitleidig und verbarg die Kinder im Hause. Bald darauf hörte man schwere Tritte, und es klopfte stark an der Tür; das war kein anderer als der heimkehrende Riese. Rasch zeigte die Frau den sieben Brüdern ein Plätzchen, wo sie sich vor dem Riesen verstecken konnten.

Darauf ging sie zur Tür und machte ihrem Mann auf. Dem hatte das Warten vor der verschlossenen Tür schon viel zu lange gedauert, und er war deshalb sehr böse. Als er genügend geschimpft und gepoltert hatte, setzte er sich an den Tisch zur Mahlzeit, ließ Wein auftragen und schnüffelte, als wenn er etwas riechen würde, dann rief er seiner Frau zu: „Hast du hier im Hause jemanden vor mir versteckt? Ich spüre, dass wir nicht allein sind. Wehe dir, wenn du mich hinters Licht führen willst!" Die Frau wollte es ihm ausreden, aber er gab keine Ruhe, suchte im ganzen Hause herum und fand schließlich die Kinder. Diese zitterten vor Entsetzen. Der Riese hatte ein langes, scharfes Messer in der Hand und die sieben Brüder dachten, er würde nun gleich auf sie losgehen und sie töten. Mit seiner riesigen Hand holte er einen nach dem anderen aus dem Versteck. Als letzter wurde der kleine Däumling auf seine zitternden Beine gestellt.

Nun war es so, dass der Riese, in dessen Haus die sieben Buben einen Unterschlupf gefunden hatten, sehr faul war und gerne andere für sich arbeiten lassen wollte. Seine Frau konnte davon ein Liedchen singen. Sie musste von früh bis spät für den Unhold arbeiten und hätte schon genug damit zu tun gehabt, jeden Tag für das Essen des Riesen zu sorgen. Denn die Portionen, die dieser bei jeder Mahlzeit verschlang, hätten eine Familie, wie die des Korbflechters, drei Tage satt machen können. Da kamen nun die Kinder gerade recht. Er wollte sie einsperren und für sich arbeiten lassen. Nur allmählich gab er den Bitten des kleinen Däumlings nach, sie vorher ein wenig aufzupäppeln, da sie zum Arbeiten doch jetzt noch viel zu schwach wären. So ließ der böse Mann sich endlich beschwichtigen.

Die Kinder wurden zu Bett gebracht, und zwar in derselben Kammer, wo, ebenfalls in einem großen Bett, die sieben Töchterlein des Riesen schliefen, die so alt waren wie die sieben Brüder. Sie waren von Angesicht sehr hässlich, jedes hatte aber ein goldenes Krönlein auf dem Haupte. Das alles hatte der Däumling gleich bemerkt. Er machte sich ganz still aus dem Bett, nahm seine und seiner Brüder Nachtmützen, setzte diese den Töchtern des bösen Riesen auf, und deren Krönlein sich und seinen Brüdern.

Der Riese trank viel Wein, und da kam ihm plötzlich in den Sinn, dass die sieben Brüder entfliehen könnten. Er dachte, es wäre vielleicht doch besser, sie in den dunklen Keller hinter Schloss und Riegel zu setzen. Nun nahm er sein langes Messer und schlich sich in die Schlafkammer, wo die sieben Buben neben den Töchtern des Riesen schliefen. Es war aber stockdunkel in der Kammer und der Unhold tappte blind umher, bis er an ein Bett

stieß, und fühlte nach den Köpfen der darin Schlafenden. Da spürte er die Krönchen und sprach: „Halt da! Das sind deine Töchter!" Nun tappte er nach dem anderen Bett, fühlte da die Nachtmützen und hob seine sieben Töchter, eine nach der anderen, aus dem Bett. Sie schliefen so fest, dass sie es nicht merkten. Durch das stockdunkle Haus, die Treppen hinab, trug er sie in den tiefen Keller. Bevor er wieder nach oben ging, verschloss er noch die dicke Tür mit einem riesigen Schlüssel und schob zu guter Letzt auch noch einen dicken, eisernen Riegel vor. Dann legte er sich beruhigt wieder in sein Bett und schlief ein. Wie der Däumling ihn schnarchen hörte, weckte er seine Brüder, schlich sich mit ihnen die Treppe hinab aus dem Hause und suchte das Weite. Aber wie sehr sie sich auch beeilten, so wussten sie doch weder Weg noch Steg und liefen in der Irre herum voll Angst und Sorge, nach wie vor.

Als der Morgen kam und der Riese seinen Rausch vom Abend vorher ausgeschlafen hatte, sprach er zu seiner Frau: „Marsch, geh in den Keller und hole mir die Buben herauf. Ich will mit ihnen in den Wald ziehen. Bevor sie etwas zu essen bekommen, sollen sie Holz für mich hacken!"

Die Frau beeilte sich und stieg in den Keller hinab. Kaum hatte sie die Tür geöffnet, kamen ihr auch schon heulend und verängstigt ihre sieben Töchter aus dem dunklen Loch entgegen, in das sie ihr Vater, ohne es zu wissen, eingesperrt hatte. Jedes der Mädchen

hatte statt des Krönleins eine Nachtmütze auf dem Kopf. Da wusste die Frau, was geschehen war. Sie rannte, so schnell sie konnte, die Kellertreppe hinauf und erzählte dem Riesen, der schon ungeduldig wartete, was sie im Keller erblickt hatte. Als der Riese sah, was er da angerichtet hatte, wurde er furchtbar wütend. Er tobte und schrie, dass die Wände des kleinen Häuschens zitterten und die Vögel ringsum im Wald erschreckt aufflatterten.
Dann plötzlich kam ihm eine Idee. Jetzt zog er seine Siebenmeilenstiefel an. Wenn man damit einen Schritt tat, so war man sieben Meilen gegangen.

Es dauerte nicht lange, da sahen die sieben Brüder ihn schon von Weitem über Berg und Täler schreiten und waren sehr in Sorge, doch Däumling versteckte sich mit ihnen hinter einem großen Felsen.
Als der Riese in die Nähe dieses Felsens kam, setzte er sich, um ein wenig zu ruhen, weil er müde geworden war, und bald schlief er ein und schnarchte, dass man meinte, ein Sturmwind brause durch die Luft. Sein langes Messer hatte er neben sich gelegt. Wie der Riese so schlief und schnarchte, schlich sich Däumling hervor wie ein Mäuschen aus seinem Loch, zog ihm die Meilenstiefel aus

und zog sie selber an. Zum Glück hatten die Stiefel die Eigenschaft, an jeden Fuß zu passen wie angemessen und angegossen. Nun nahm er einen seiner Brüder an der Hand, die fassten wieder einander an den Händen, und so ging es mit Siebenmeilenstiefel-Schritten nach Hause. Da waren sie alle willkommen. Däumling empfahl seinen Eltern, ein gutes Auge auf die Brüder zu haben, er wolle nun mit Hilfe der Stiefel selbst für sein Fortkommen sorgen. Als er das kaum gesagt hatte, tat er einen Schritt und war schon weit fort – noch einen Schritt, und er stand über eine halbe Stunde auf einem Berg – und noch einen Schritt, da war er den Eltern und Brüdern schon aus den Augen.

Mit seinen Stiefeln hat der Däumling dann sein Glück gemacht und viele große und weite Reisen vollbracht, hat vielen Herren gedient, und wenn es ihm wo nicht gefallen hat, ist er einfach weitergegangen. Kein Verfolger, zu Fuß noch zu Pferd, konnte ihn einholen, und die Abenteuer, die er mit Hilfe seiner Stiefel bestand, sind nicht zu beschreiben.

Die schönsten Kinderbuchklassiker
ISBN 978-3-480-23468-4

Das große Buch der Kinderreime
ISBN 978-3-480-23809-5

Weitere Klassiker aus den 70er-Jahren:

Mein großes Vorlesebuch
ISBN 978-3-480-23412-7

Das Sandmännchen ist da!
ISBN 978-3-480-23380-9